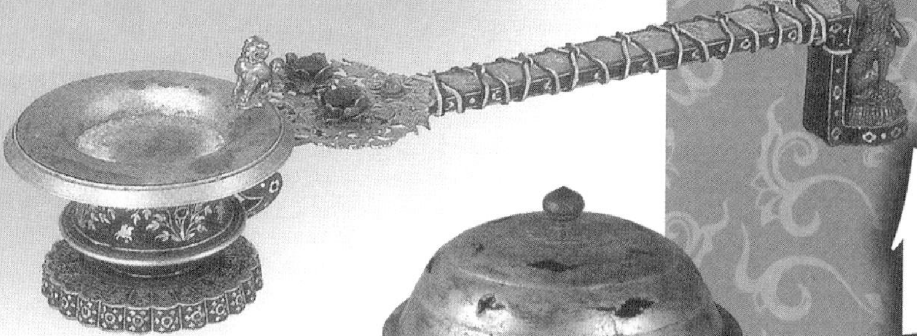

佛教的香與香器

本書介紹香在佛法中的種種風貌以及各種香的種類，與香有關的修持法門、供香的方法與功德等。此外，也介紹各種用香的器具，以及和香相關的人物及故事、相關辭彙等，深入淺出，帶您一覽佛教香的芬芳世界。

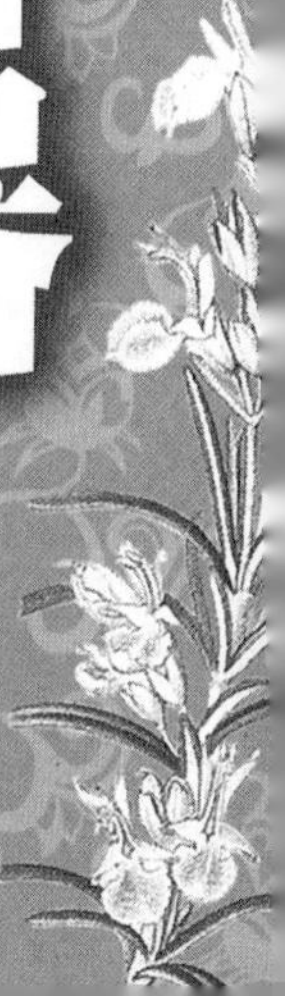

◉目錄

出版緣起……009
序……013
第一章 香的意義……019
香與古文明……020
香在中國的發展……024
香的用途……026
第二章 佛教的香……035
香與佛教……035
香與供養……038
香比喻清淨戒德……042
香比喻念佛功德……046
香與淨土……049
密教中的香……052

香的修持法門……056
楞嚴經中的香嚴童子……056
成就鼻根神通的法門……057
普賢菩薩鼻根懺悔法門……060
願一切衆生得聞無上菩提香之願……062

第三章　供香的方法與眞言手印……065
辨識好香的方法……066
供香的方法……068
供香的真言與手印……074

第四章　香料的種類……085
梅檀香……089
沉香……096
牛頭梅檀……102
龍腦香……104
降真香……108

乳香……110
零陵香……113
霍香……116
都梁香……118
安息香……120
蘇合香……124
香附子……125
茅香……127
鬱金……130
合歡……133
甘松香……134
石鹽……136
木槵子……138
丁香……140
芥子……142

阿提目多花……144
石蜜……146
迷迭香……148
豆蔻……150
茉莉……152
葳蕤……154
龍涎香……155
麝香……159
第五章　香的型態……161
燒香……164
塗香……166
和合香……167
散香……168
線香……169
抹香……170

香湯……170

第六章　佛教的香器……173
中國歷代香器簡介……177
香器的類型……188
香爐……188
博山爐……191
手爐……193
薰球……195
香囊……197
香筒……198
香篆……199
香盒……201

第七章　和香有關的人物與故事……203
師子香菩薩……204
香手菩薩……205

金剛香菩薩……207
香象菩薩……209
香音神王的故事……210
善財五十三參鬻香長者……212
用香的戒律……217
口出異香的法師……219
以旃檀香塗治佛塔的功德……221
第八章　香的相關語彙……223
附錄　香的相關經典……239
《佛說戒德香經》……241
《六祖壇經》〈懺悔第六〉（節錄）……244
《妙法蓮華經》〈法師功德品〉第十九（節錄）……246
《俱舍論》卷一（節錄）……250
《瑜伽師地論》卷三（節錄）……253
《大方廣佛華嚴經》卷第十三〈如來昇兜率天宮一切寶殿品〉第十九（節錄）……254

《大方廣佛華嚴經》卷第六十七（節錄）……258
《維摩詰經》〈香積佛品〉第十……263
《楞嚴經》卷五（節錄）……269
《蘇悉地羯囉經》〈塗香藥品〉（節錄）……271
《蘇悉地羯囉經》〈分別燒香品〉第十（節錄）……273
《蕤呬耶經》卷中（節錄）……276
《金光明最勝王經》〈大辯才天女品〉第十五之一……278
《佛說觀普賢菩薩行法經》（節錄）……283
《慈悲道場懺法》卷十（節錄）……284
《菩薩從兜術天降神母胎說廣普經》卷二（節錄）……286
《出曜經》第十卷〈香名第六十四〉……288
《觀自在菩薩大悲智印周遍法界利益衆生熏真如法》……291

出版緣起

佛法的深妙智慧，是人類生命中最閃亮的明燈，不只在我們困頓、苦難時，能撫慰我們的傷痛；更在我們幽暗、徘徊不決時，導引我們走向幸福、光明與喜樂。

佛法不只帶給我們心靈中最深層的安定穩實，更增長我們無盡的智慧，來覺悟生命的實相，達到究竟圓滿的正覺解脫。而在緊張忙碌、壓力漸大的現代世界中，讓我們的心靈，更加地寬柔、敦厚而有力，讓我們具有著無比溫柔的悲憫。

在進入二十一世紀的前夕，我們需要讓身心具有更雄渾廣大的力量，來接受未來的衝擊，並體受更多彩的人生。而面對如此快速遷化而多元無常的世間，我們也必須擁有十倍速乃至百倍速的決斷力及智慧，才能洞察實相。

同時在人際關係與界面的虛擬化與電子化過程當中，我們也必須擁有更廣大的心靈空間，來使我們的生命不被物質化、虛擬化、電子化。因此，在大步邁向新世紀之時，如何讓自己的心靈具有強大的覺性、自在寬坦，並擁有更深廣的慈悲能力，將是人類重要的課題。

生命是如此珍貴而難得，由於我們的存在，所以能夠具足喜樂、幸福，因自覺解脫而能離苦得樂，更能如同佛陀一般，擁有無上的智慧與慈悲。這菩提種子的苗芽，是生命走向圓滿的原力，在邁入二十一世紀時，我們必須更加的充實。

因此，如何增長大眾無上菩提的原力，是〈全佛〉出版佛書的根本思惟。所以，我們一直擘畫最切合大眾及時代因緣的出版品，期盼讓所有人得到真正的菩提利益，以完成〈全佛〉（一切眾生圓滿成佛）的究竟心願。

《佛教小百科》就是在這樣的心願中，所規劃提出的一套叢書，我們希望透過這一套書，能讓大眾正確的理解佛法、歡喜佛法、修行佛法、圓滿佛法，讓所有的人透過正確的觀察體悟，使生命更加的光明幸福，並圓滿無上的菩提。

因此，《佛教小百科》是想要完成介紹佛法全貌的拼圖，透過系統性的分門別類，把一般人最有興趣、最重要的佛法課題，完整的編纂出來。我們希望讓《佛教小百科》成為人手一冊的隨身參考書，正確而完整的描繪出佛法智慧的全相，並提煉出無上菩提的願景。

佛法的名相眾多，而意義又深微奧密。因此，佛法雖然擁有無盡的智慧寶藏，對人生深具啟發與妙用，但許多人往往困於佛教的名相與博大的系統，而難以受用其中的珍寶。

其實，所有對佛教有興趣的人，都時常碰到上述的這些問題，而我們在學佛的過程中，也不例外。因此，我們希望《佛教小百科》，不僅能幫助大眾了解佛法的名詞及要義，並且能夠隨讀隨用。

《佛教小百科》這一系列的書籍，期望能讓大眾輕鬆自在並有系統的掌握佛教的知識及要義。透過《佛教小百科》，我們如同掌握到進入佛法門徑鑰匙，得以一窺佛法廣大的深奧。

《佛教小百科》系列將導引大家，去了解佛菩薩的世界，探索佛菩薩的外相、內義，佛教曼荼羅的奧祕，佛菩薩的真言、手印、持物，佛教的法具、宇宙觀……等等，這一切與佛教相關的命題，都是我們依次編纂的主題。透過每一個主題，我們將宛如打開一個個窗口一般，可以探索佛教的真相及妙義。

而這些重要、有趣的主題，將依次清楚、正確的編纂而出，讓大家能輕鬆的了解其意義。

在佛菩薩的智慧導引下，全佛編輯部將全心全力的編纂這一套《佛教小百科》系列叢書，讓這套叢書能成為大家身邊最有效的佛教實用參考手冊，幫助大家深入佛法的深層智慧，歡喜活用生命的寶藏。

佛教的香與香器——序

香是人類生命中最美好的感動，在人類文明的發展中，也具有極大的意義，因此，早在西元前三千年，就有埃及人大量使用香料的記載。

想到香，我們的腦海中就會浮現花香、燒香、煮食的香味，化粧品的香味等，而這種種香味，大多伴隨著我們生命中美好的記憶。

從古老的文明開始，香就伴隨著人類穿過時空的長廊，餘煙嬝嬝。

早在西元前三千年左右，埃及人就開始大量用香，如著名的金字塔是土坦卡門墓（Tutankhamen's Tomb），在墓內就存放了許多各種香料的瓶罐。

甚至古埃及許多戰爭，也是為了穩定香料來源而發動的。如女法老王海切舒特（Hatschepsut）的陵墓壁畫上，就刻滿了此類事蹟。

而在古波斯文化中，香味也象徵著身份地位。當時富貴人家的花園裡，大多流行種植著種種珍貴的香花，如：茉莉、鈴蘭、紫羅蘭及紅玫瑰等。

而希臘用香的起源，則是亞歷山大大帝征服了波斯之後，從波斯帶回來珍貴的香料。人們認為聞到香味時，必定有眾神的蒞臨與祝福。

什麼是香呢？

在《說文解字》中說：「香，氣芬芳也。」而馨香的「馨」，也就是香氣遠聞之意。

一般的香，大多是指由富含香氣的樹皮、樹脂、木片、根、葉、化果等所製成的香之原料。常見的香料有旃檀香、沈香、丁香、鬱金香、龍腦香、薰陸香、安息香等豐富的種類，甚至也有動物的分泌物所形成的香，如龍涎香、麝香等。

香料大多出產於氣候酷熱的地區，由於熱帶地區人體容易產生體垢及惡臭，所以古來為了消除體臭，就將當地盛產的香木製成香料，塗抹於身上，稱為塗香；或是焚香料薰室內及衣服，稱為燒香或薰香。

隨著香料的不同，也要以不同的方式來散發香氣，才能造成特別的效果，用香的方法，大致可以分為燃燒、薰炙及自然散發等三種方式，而配合不同的香器使用。如，香草、沈香木及作成香丸。線香、盤香和香粉的合香，就必須以燃燒的方式，而龍腦類的樹脂性香品，則必須用薰炙的方式；也就是將香放在炙熱的金屬或炭塊上，讓其散發香味。

佛教中對香的定義則更為廣泛，將鼻根所嗅的一切，都統稱為香。佛教並將人類生活中這種美好的經驗，重新詮釋，使香超越了原始的意義，而用香來象徵修行者持戒清淨的戒德之香，乃至聖者具足解脫、智慧的五分法身，可以說是解脫者心靈的芬芳。

例如，在《佛說戒德香經》中，佛陀就以香來比喻持戒之香，不受順、逆風的影響，能普熏十方。在《六祖壇經》中，也以香來比喻聖者的五分法身，即戒、定、慧、解脫、解脫知見。

由於香美好的特質，在佛教中就成了供養佛菩薩重要的供品之一，甚至以香為說法譬喻、修持方法，讓人依此而悟入聖道。

而香的氣味能薰染真物，使環境芬芳美好的特質，也被用來比喻念佛者以念佛的緣故，薰染如來的功德，這就是所謂的「香光莊嚴」。

由於香與鼻根的密切關聯，古德也有以聞香而悟道者，最著名的就是《楞嚴經》中的香嚴童子。在本書中介紹香的修持法門，祈願讀者以香入道。

焚香、裝香料的香器，展現了香的具體之美。也以成香的文化中頗為獨特的藝術。無論是在種類、材質、造型與色彩的顯現上，都為人類的視覺與嗅覺心靈帶來極大的喜悅。

這些豐富的香器種類，主要是為了配合各種不同型態的香焚燒或蒸薰的方式而產生。除了實際上的用途之外，基於美觀及裝飾的考量，香爐的型制、爐身的造型、色彩，更是琳瑯滿目，配合嬝嬝香煙，及美好的香味，讓用香的情境達到極致。

在香器的種類上，除了最常見的香爐之外，還有香囊、香球、香筒、香盒等用香的器具。因此，在本書中也介紹了中國歷代的香爐，及各種不同類型的香器。

由於香美好的特質和飄渺彌漫的香煙，而被視為能上達天聽，傳達誠心的供養之意給佛菩薩及天神等。所以香也是佛教中極為重要的供養，並發展出供香的儀軌、方法及真言、手印等。本書介紹金剛界法及護摩法中常用的供香手印、真言，以及日常供香的方法，希望讓讀者在供香時能有所依循。

由於香所象徵的美好意含，在佛教中不但以香為重要的供養，用香來代表諸佛清淨法身，或是以香來修持、說法。

本書並介紹與香有關的人物及故事，其中有以香為名號的佛菩薩故事，也有修持香三昧的善知識，以及由於供香而得到福報的故事。此外，本書也蒐羅了香的相關語彙，希望讓讀者從這些語彙的意義及典故，窺見香在佛教中更廣泛的意含與運用。

本書展現出香豐富多樣風貌，祈請一切生命都能洋溢著香喜悅甜美的心靈芬芳！

第一章 香的意義

香是人類最美好的文化感受，更是人類生命中最美麗感動的高峰經驗。因此香在人類的文明發展當中，有著重要的意義。提到香，一般人腦中就會浮現芬芳的氣味，及各種對美好氣味的記憶，聯想起花香、燒香，甚至食物的香味、香水的香味、洗髮精的香味、木材的香味，……等成千上百、種種豐富多樣的香味。香與我們的生活可說是息息相關，無處不在。

在《說文解字》中說：「香，氣芬芳也。」而馨香的「馨」，也就是香氣遠聞之意。

而能產生這些美好的氣味之物，尤其是專門用來製造香的原料，也被稱爲香，如：沈香、龍腦香、麝香等。

除了一般所熟知的香之外，佛法中香的意義更爲廣泛，除了指味道美好的香之外，也指鼻根所嗅取的外在諸境，是人類眼、耳、鼻、舌、身、意六種接觸外界的感官之一，其所對應的色、聲、香、味、觸、法中，鼻根所對應的是香塵。

在《阿毘達磨品類足論》、《大毘婆沙論》等經論中，將香的種類分成好香、壞香、平等香三種。好香就是指能使人聞起來心情愉悅，或是能增長身心健康的味道；反之，如果聞起來令人厭惡，或是會傷害身心健康者，則稱爲惡香；如果沒有特別影響的香，則稱爲平等香。

⊙香與古文明

早在西元前三千年左右，歷史上就有埃及人使用香料的記載。例如本世紀最重要的金字塔是土坦卡門墓（Tutankhamen's Tomb），在墓內就存放有許多裝滿了各種香料的瓶罐。

甚至，古埃及許多戰爭，也是爲了穩定香料來源而發動的。例如，在女法老王海切舒特（**Hatschepsut**）的陵墓壁畫上，就刻滿了她爲取得香料而遠征異國的彪炳事蹟，她甚至在皇宮內建了一個大花園，網羅各地的奇花異草。

埃及早期的香料，爲了方便運輸，大多以香膏、香脂的方式保存，而其主要的用途是用於表達對神祇的崇拜。古埃及人認爲，香是凡人與上天的媒介，所以，在古埃及太陽神廟中，每天必須點香三次，再將嬝嬝香煙，由一組組巨大而長的煙斗送上天空。

沒藥

在古波斯文化中，身上的香味象徵著身份地位。沒藥、乳香與麝香是當時最流行的香料，而在富貴人家的花園裡，大多種植著種種珍貴的香花，如：茉莉、鈴蘭、紫羅蘭及紅玫瑰等。

希臘用香的文化，是由波斯傳入的，亞歷山大大帝征服了波斯之後，也從波斯帶回來珍貴的香料。據說亞歷山大大帝喜歡在房間地上遍灑香水，連衣服也要用沒藥薰香，更認爲聞到香味時，必定有眾神的蒞臨與祝福。

在熱帶地區，身體特別容易汗臭，香料的產量也特別豐富。像印度地區天氣酷熱，所以多產香木，有的用來做香水，有的用來做香油，另外有一種香料混合於水塗在身上，這就是塗香的來源。有些香料是由花製造的，但因爲花容易腐爛，不能長久保持，所以印度人就用植物中的木類來做香的主要來源。

在古代，阿拉伯人常在收獲乳香時，燃燒紅蘇合香以驅蛇，或是燃燒紅蘇合用來消毒住宅。

古羅馬時期，人們認爲：如果祭祀 Vesta 女神的香煙中斷的話，羅馬城就會沉沒在地獄的深淵裡，所以這些的女信徒，她們終其一生唯一的職責，就是維持女神的香火永遠不滅。

香在宗教裏向來扮演著極爲重要的角色，從埃及就有以香供奉太陽神的記載，佛教中的用香更是豐富。

在《聖經》中，也有許多香料與聖跡的記載，例如，東方三賢人送給剛出生的耶穌基督的禮物中，其中就有兩樣是珍貴的香料——乳香、沒藥。而在《舊約》中，對於產在巴勒斯坦（Palestine）附近的許多香料，也有豐富的記載與讚頌。如〈箴言〉中曾提到「Ointment and perfume rejoice the heart」，意思是「塗香油與香水將使心歡悅滿足」。希伯萊婦女喜歡在衣服裡藏一個香囊，香囊裡的沒藥、薰衣草等等香味，可以藉著體溫散發出來。

《聖經》中共記載了大約有二十五種香料，其中最常見的是乳香與沒藥，另外還有沉香、香菖蒲、番紅花、桃金孃、甘松、蘇合香、百合花，以及玫瑰花等等。

在佛教中以塗香做爲殊勝的供養，在《聖經》中也可以看到類似的記載。如在〈馬可福音〉中記載：「有一個女人帶來了一隻玉瓶，裡面有很珍貴的哪達香油，她打破玉瓶，把香油倒在耶穌頭上。」而在英國國王與王后的加冕大禮，也有所謂的「塗油禮」，就是用香油從受禮者頭上淋下。由此可見，將香油塗在對方身上以表達崇敬之意，是許多文化共通之處。

⊙香在中國的發展

在許多古老的文化中，都與香有極深遠的因緣，中國文化更是如此。中國從秦漢以前就有蘭蕙椒桂的記載。到了漢武帝時，才開始有「含鷄舌香」及「諸夷獻香」等文獻記載：「昆邪王殺休屠王來降，得金人之神，置之甘泉宮。金人者，皆長丈餘，其祭不用牛羊，惟燒香禮拜。」由於中國古代的祭祀都是以牛羊作爲牲禮，但是「金人之神」明顯的與中國傳統的神不同，這個「金人之神」據說就是指「佛陀」，這是以香禮佛的最早記載。

漢武帝時，奢廣尙書郎奏事有含鷄舌香的記載，此時才開始有從夷國貢獻種種香品到中國來，而在歷史上有香品的記載也是由此開始。

當時，使用不同的香，也代表著不同的身份階級，如在《封禪記》中記載：「黃帝始，百辟群臣受德教者，皆列珪玉於蘭蒲席上，燃沈榆之香，舂雜寶爲屑，以沈榆之膠，和之爲泥以塗地，分別卑尊華戎之位也。」

到了漢代，更有以香淨化空氣，消除瘟疫的記載。在漢武帝時有一個「西國獻香」的傳說：「漢武帝時，弱水西國，有人乘毛車以渡弱水，來獻香者……」，當時武帝並不認爲有特別之處，未加重視使用，後來因爲長安發生大瘟疫，西國使者取其香點燃之，才使得疫氣消除，眾病痊癒。由這個線索，可以證明香能淨化環境。

在中國，香的傳來，開始是由西域傳入，後來大部分的香則由海南諸國——廣州、交阯（越南）、瓊崖（海南島）——傳來。但由於古代交通不發達，地理知識不十分充足，所以記載每多偏差。而且古代的記載經過時空的演變，和現代也不能完全符合。雖然如此，我們仍然可大約知道占波、眞臘（柬埔寨）、越南、馬來西亞、海南島、泰國這一帶地域自古以來即有生產香。

在中國古書中記載著：「南方產香」，古人認爲「凡香品皆產自南方」，這和中國五行的觀念有關，因爲南方是南屬離位，而離屬火，火爲土之母，火盛則土得養（肥沃），因此如沈水香（沈香）、旃檀（檀香）、薰陸等香皆產自南方；海邊的表面爲氣之所終，土氣特別旺盛，《清暑筆談》說：「香氣湊脾

（土），火陽也，故氣芬斂。」這是用五行的觀念來解釋香的產生。另外，也有認爲在熱帶中的人易流汗而發出體臭，但在這種地域也就自然會產生另一種物類（香料）來對制這種問題。

在佛教傳入中國之前，香與生活就有密切的關聯，除了以焚燒香草來驅除蚊蟲，去除穢氣之外，也煎香湯來沐浴，甚至佩掛香草。隨著佛教的傳入，更陸續引進多種重要的香料，如龍腦、沈香等，讓香的使用又產生全新的風貌。

佛教傳入的合香觀念，很快的和中國用藥的觀念相互結合，產生博大精深的合香配方，甚至依照季節、時令、場合及用途而調配出理想的香品。在香的形狀上則有丸狀、粉狀、餅狀、線狀及圈狀等。明清開始，又有杜香的出現，以竹籤或木籤爲心柱，外裹香粉，成爲目前普遍使用的香品之一。

⊙香的用途

香的用途，從宗教祭祀的用途，到生活中逐漸發展到生活中的運用，以香來提昇生活情境，從身體的塗抹、薰香衣服、淨化環境，乃至入於飲食，作爲藥

可做為藥用的栴檀及沈木

用……香的用途可說是五花八門。以下即介紹幾項香的常見用途。

1. 藥用

香做爲藥用的起源極早，在經典中，就有以牛頭旃檀作爲藥用的記載。

當初提婆達多唆使阿闍世王謀殺佛陀，從靈鷲山推下巨石要壓死佛陀。他們的計謀雖然未得逞，佛陀的腳卻被碎石擊中而流血。

當時的醫王侍縛迦爲佛陀診察之後，認爲只有以牛頭檀栴爲醫方才能醫治。但是此香極爲珍貴稀有，一般擁有的人也只有國王求索時才敢獻出。

當時有一個賣香的商人，聽說此香

能治佛傷，於是甘願冒著生命危險，歡喜奉上此香，以此因緣故，而被佛陀授記於未來世當證辟支佛等，名爲「栴檀」。

在北宋沈括的《夢溪筆談》卷九，曾記載蘇合香丸可用來治病：「此藥本出禁中，祥符中嘗賜近臣。」北宋眞宗曾經把蘇合香丸炮製而成的蘇合香酒，賜給王文正太尉，因爲此酒「極能調五臟，卻腹中諸疾。每冒寒夙興，則飲一杯。」宋眞宗將蘇合香丸數篚賜給近臣，使得蘇合香丸在當時非常盛行。此外，在中國的金創藥及去瘀化膿等方劑中，乳香、麝香及沒藥等，都是非常重要的成份。

而現今極爲流行的「芳香療法」，可以說是起源於埃及。

埃及人極爲注重衛生，他們發明了能夠恢復健康、美容的沐浴法，就是在沐浴之後以香油按摩，來減輕肌肉酸痛，鬆弛神經。這原來是用來爲木乃伊防腐的技術。

現代許多科學研究也指出，香味有助於人體健康，如耶魯大學精神物理學中心的學者，指出香薰蘋果的氣味可以使焦慮的人降低血壓，並避免驚慌；薰衣草則可以促進新陳代謝，使人提高警覺。辛辛那提大學（University of Cincinnati）相關測驗則顯示，空氣中加入香氣，可以提高工作效率。這些都使精油等芳香療法變成極爲流行的健身法。

在宋代，也有將香藥調入飲食而作成香藥果子、香藥糖水，並調龍腦、麝香入「龍鳳茶園」中。而製作名貴的墨錠，也常調入龍腦、麝香。在《武林舊事》卷六中，也有以沈香水飲用的記載。

2. 祭祀慶典

開始大量豐富使用香的埃及人，最初就是將香運用在繁複的禮拜儀式中，在祭祀的過程中，有時甚至必須燃燒數以噸計的香，乃至死亡時複雜的埋葬和防腐方式也需要用到大量香料和香膏。

在古代的巴比爾塔（Tower of Babel）寶塔形的建築頂上，祭司經常點燃成堆的馨香來祭祀天神，他們認爲在高塔上焚香，能更接近諸神。

在中國，有很多用香來祭祀及舉行典禮用香的記載，例如祭天地、祖先、親耕禮等。北宋仁宗慶曆年間，由於河南開封地區發生旱災，仁宗就在西太乙宮焚香祝禱求雨，儀式中曾焚燒龍腦香十七斤。此外如南宋淳熙三年（公元一一七六年）皇太后聖誕，從十天以前，皇后、皇太子、太子妃以下至各級官員，及宮內人吏都要依序進香賀壽。

薰香所用的薰籠

3. 薰衣

早在西漢就記載著以焚香來薰衣的風俗，衣冠芳馥更是東晉南朝士大夫所盛行的。在唐代時，由於外來的香輸入量大，薰衣的風氣更是盛行。

在《宋史》中記載，宋代有一個叫梅詢的人，在晨起時必定焚香兩爐來薰香衣服，穿上之後再刻意擺弄袖子，使滿室濃香，當時人稱之爲「梅香」。北宋徽宗時蔡京招待訪客，也曾焚香數十兩，香雲從別室飄出，濛濛滿座，來訪的賓客衣冠都沾上芳馥的氣習，數日不散。

4.宴會

古代在宴會及慶典中，香也是不可缺乏的場景。

在埃及，上流人士參加宴會時，大都會在頭頂上戴一個蠟製的香膏圓錐體，讓它慢慢融化，使臉和肩上都滴上芳香的糖漿。而古羅馬人，則常在公開的典禮和宴會上，遍灑芬芳的玫瑰。在酒神祭等狂歡節目中，沒有大量的玫瑰，是非常不禮貌的。古羅馬人甚至設了「玫瑰日」（Rosalia）這樣的節目。有時在酒宴中，他們會從天花板上灑下佈滿香水和花瓣的香雨。

在中國南宋官府的宴會中，香更是不可缺少的。如春宴、鄉會、文武官考試及第後的「同年宴」，以及祝壽等宴會，細節繁瑣，因此官府特別差撥「四司六局」的人員專司。在《夢粱錄》卷十九中說，「六局」之中就有所謂的「香藥局」，掌管「龍涎、沈腦、清和、清福異香、香疊、香爐、香球」及「裝香簇細灰」等事務，專司香的使用。

5.考場焚香案

在中國多樣的用香的文化中，還有一個特殊的場合會焚香，就是在考場設香案。

在唐代及宋代，於禮部貢院試進士日，都要設香案於階前，先由主司與舉人對拜，再開始考試。

宋朝歐陽修就曾作一首七言律詩「禮部貢院閱進士就試」來描寫這種情景：「紫案焚香暖吹輕，廣庭春曉席群英，無嘩戰士御枚勇，下筆春蠶食葉聲，鄉里獻賢先德行，朝廷列爵待公卿，自慚衰病心神耗，賴有群公鑒裁精。」

歐陽修在另外一首詩中又寫道：「焚香禮進士，徹幕待經生。」也說明了考進士時以焚香待之的禮遇。

6. 用香木建築

除了生活中常見的燃香、薰香之外，香木也被運用於建築上。

例如：古代世界七大奇蹟之一——以弗西斯的黛安娜神殿，就是用高達六十英尺的西洋杉來製成圓柱，因此當此殿於西元前三五六年焚毀時，傳說現場溢滿了濃郁的香氣。

古代皇室建築也經常使用西洋杉建造整座宮殿，一方面是由於其杉脂香甜的氣味，另外則是因爲杉木是天然的驅蟲材質。

如西元前八世紀，亞述王薩爾貢二世的宮殿之門，恆常散發出強烈的香氣，每當訪客出入的時候，都會飄香而過。埃及法老王的駁船和棺柩，也是由西洋杉所製成。

而中國滿清皇室在承德的夏宮中，其樑柱與牆壁都是西洋杉所製造，而且刻意不上漆，讓木材的芳香能夠直接滲入空氣中。

回教清眞寺的建築也常用玫瑰露和麝香混合在灰泥中，當中午太陽一照射，溫度升高時，香氣就會發散出來。

人類對香的喜愛及運用之廣泛，由此可見一斑。

畫中侍者正在添香

第二章 佛教的香

香與佛教

在佛教中，無論是對佛菩薩的供養，或是在說法的譬喻中，經常都可以見到香的踪影。密法中，不同的本尊甚至有不同供養的香，香與佛教，有著密不可分的關係。

由於香能袪除一切臭氣、不淨，使人身心舒暢，產生美妙的樂受，因此常被用來做爲供養佛菩薩、本尊的聖品，如《蘇悉地經》中，就把香列爲五種供養之一，而《大日經》也將之列爲六種供養之一。

除了被用來做爲殊勝的供品之外，由於香的芬芳遠聞，經典中也常以其來比喻修行者持戒之德。如《戒德香經》中，佛陀告訴阿難，只有持戒之香不受順、逆風的影響，能普薰十方。而《六祖壇經》中，也以香來比喻五分法身，稱爲「五分法身香」。

此外，香也被用來比喻念佛功德，如《首楞嚴三昧經》中，以「香光莊嚴」來比喻念佛的人染上如來功德莊嚴，就如同製香的人染上香氣一般。

經典中甚至記載有香的淨土，如《維摩詰經》中所說的「香積國土」，不但以香構成食、衣、住、行的一切，也以香來說法。在《華嚴經》中也說，華藏世界被重重無數的香水海所圍繞。

密教的種種修法中，更是經常看到供香的記載，而依供養佛部、蓮花部、金剛部，乃至天龍八部等一切護世聖眾，則用種種不同的香來供養，與其相應。

除此之外，經典中也記載著與香有關的修持法門。其中最著名的是《楞嚴經》中的香嚴童子，以聞沈水香，觀香氣出入無常而悟入本心。

而《觀普賢菩薩行法經》中，則有清淨懺悔鼻根的方法；《慈悲道場懺法》中，也有關於鼻根與香的發願，如文中發願一切眾生不聞一切臭惡之氣，常聞一切栴檀、妙樹花香之氣，常聞一切說法香、戒香、菩薩香、五分法身香等。

香在佛教中的風貌如此豐富多姿，從最基本令人愉悅的香，昇華乃至心香、解脫香的境界，令人歎爲觀止！

香與供養

水、塗香、花、燒香、飲食、燈明
香為六種供養之一

供養是以飲食等各種用品供養佛、法、僧三寶。常見的供品有香、花、飲食等。其中塗香代表清淨義，能清淨一切染垢污穢，及燥熱煩惱；而以香供佛，則代表生除滅一切生死煩惱，得到清淨自在。

在《蘇悉地經》卷中的五種供養爲：塗香、花、燒香、飲食、燃燈等五種供養；在《大日經》中則有六種供養，即：水、塗香、花、燒香、飲食、燈明等六種供養。

在《行法肝葉抄》中，並以六種供

養象徵六波羅蜜：水代表佈施波羅蜜，塗香代表戒波羅蜜，花代表忍波羅蜜，燒香代表精進波羅蜜，飲食代表淨波羅蜜，燈代表般若波羅蜜。

除了供佛之外，供養經典也應以種種妙香清淨莊嚴。在《大通方廣懺悔滅罪莊嚴成佛經》卷一中說，若欲受持讀誦是經，當淨洗浴，著清淨衣服，淨持坊舍，以懸繒幡蓋，莊嚴室內，燒種種妙香、旃檀香、末香、種種塗香、禮拜，如是六時，從初一日，乃至七日，日日中間，讀誦是經，正心正憶，正念正觀，正思惟，正思議，正受持，正用行，正教化。

在《法華傳記》卷十〈十種供養記九〉中，鳩摩羅什曾說，若要供養《法華經》，須依經說，略備十種供具：一華、二香、三瓔珞、四抹香、五塗香、六燒香、七幡蓋、八衣服、九妓樂、十合掌也。其中香就佔了四種。

《大方廣佛華嚴經》卷十三中，就有廣大不可思議的香供養：「百萬億黑沈水香，普熏十方，百萬億不可思議眾雜妙香，普熏十方一切佛剎，百萬億十方妙香，普熏世界，百萬億最殊勝香，普熏十方，百萬億香像香徹十方，百萬億隨所樂香，普熏十方。

百萬億淨光明香，普熏眾生，百萬億種種色香，普熏佛剎，不退轉香，百萬億塗香，百萬億栴檀塗香，百萬億香熏香，百萬億蓮華藏黑沈香雲，充滿十方，百萬億丸香煙雲，充滿十方，百萬億妙光明香，常熏不絕。

百萬億妙音聲香，能轉眾心。百萬億明相香，普熏眾味，百萬億能開悟香，遠離瞋恚寂靜諸根充滿十方，百萬億香王香，普熏十方，雨百萬億天華雲雨，百萬億天香雲雨，百萬億天末香雲雨。」

而在《大方廣佛華嚴經》卷十五中，也記載行者以善根迴向，供養諸佛，以無量香蓋、無量香幢、無量香幡、無量香宮殿、無量香網、無量香像、無量香光、無量香焰、無量香雲、無量香座、無量香輪、無量香住處、無量香佛世界、無量香須彌山王、無量香海、無量香河、無量香樹、無量香衣、無量香蓮華，以如是等無量無數眾香莊嚴，以爲供養。

以不可思議塗香蓋，乃至不可思議塗香莊嚴，以爲供養，以不可稱末香蓋，乃至不可稱末香莊嚴，以爲供養。

而在《大寶積經》卷十三中，也記載天人以香供佛之事：「興起光照一切香華，善妙香、常熏香、烏虛延香，常有花樂、眼目樂，如是眾花興雲致雨。雨眾雜香鼓天妙樂。」

除了有形的香之外，經中也以心香供佛來比喻精誠的供養。在供香時，我們不妨將身心沈靜下來，讓香成爲我們與佛菩薩之間，最寂靜深秘的交會。

香比喻清淨戒德

芬芳的氣味，令人愉悅，帶來美好的感受，而有德的修行者，心靈也散發出美好的芬芳，令人崇仰，芳香遠聞。因此，經典中常以香來比喻修行者持戒之德，如《戒德香經》中記載，在世間的香中，多由樹的根、枝、花所製成，這三種香只有順風時得聞其香，逆風則不聞；當時佛陀弟子阿難思惟欲知是否有較此三者更殊勝之香，何者能不受風向影響而普薰十方，於是請示於佛陀。

佛陀告訴阿難，如果能守五戒、修十善、敬事三寶、仁慈道德、不犯威儀等，如果能持之不犯，則其戒香普薰十方，不受有風、無風及風勢順逆的影響，這種戒香乃是最清淨、無上者，非世間眾香所能相比。

就一般人而言，香可以增長我們身體諸根大種，並藉著香傳遞信息給諸佛菩薩。但是最高明的用香方法則不僅只如此，而是以心香直接燃燒供佛，心香就是用最至誠的心來直接面對佛。以有相的香，加上無形的心香；一個是莊嚴的表徵，一個是心的常寂光明，以此供養諸佛，移相內薰，供養自身的法身佛，這是用香法門的極致。

如《諸經要義》卷五、《集諸經禮懺儀》卷上、《六祖壇經》〈懺悔品〉中，即以香比喻五分法身，其將無學聖者於自身成就的五種功德法，稱爲五分法身；並以香來比喻，則稱爲戒香、定香、慧香、解脫香、解脫知見香。

香又代表五分法身，也就是戒香、定香、慧香、解脫香、解脫知見香。在

《六祖壇經》〈懺悔品〉裏提到這五分法身之香：「

一戒香，即自心中，無非，無惡、無嫉妒、無貪嗔、無劫害，名戒香。

二定香，即覩諸善惡境相，自心不亂，名定香。

三慧香，自心無礙，常以智慧觀照自性，不造諸惡。雖修眾善，心不執著，敬上念下，矜恤孤貧，名慧香。

四解脫香，即自心無所攀緣。不思善，不思惡，自在無礙，名解脫香。

五解脫知見香，自心既無所攀緣善惡，不可沈空守寂，即須廣學多聞，識自本心，達諸佛理，和光接物，無我無人，直至菩提，眞性不易，名解脫知見香。

五分法身的觀念來自原始佛教。當初舍利弗涅槃後，他的弟子很傷心，便請問佛陀，舍利弗滅度之後，大眾將何所依恃？

佛陀很慈悲地告訴他們，舍利弗雖然滅度了，但是他的戒、定、慧、解脫、解脫知見還存在著，這就是五分法身的由來。舍利弗滅度了，一切諸佛滅度了，一切聖者滅度了，但是他們的五分法身永遠存續著，永遠令人崇仰。從五分法身所散發出來的香，非世間的香，而是心香。心香一瓣，遍滿十方，一切諸佛悉能聞此。

在《華嚴經》〈入法界品〉中，有一位善知識稱爲勝熱婆羅門，他所居住的山充滿大火，善財童子不敢經過，勝熱婆羅門一直鼓勵他，最後善財童子終於鼓起勇氣向火裡行去，結果發現這堆大火原本是清涼的火。

同樣的，香也是清涼的香。從火裏點出清涼的香，它瀰漫內心，能使人維持正念，以正念相繼入諸禪定，再從禪定中生出一切解脫的智慧，使行者自證解脫法身，證得諸佛功德無上之香。

在佛法中，從有相的用香，到無相的用香，最後將此香回薰自內，證得五分法身，證得無上正等正覺，將此光明之香遍滿一切，使眾生聞此香，心離一切雜染而得解脫，自證法身，自證智慧，以智慧的香焚燒一切，這可以說是佛法把香的境界從世間的用香，徹底轉化昇華到越超究極的境界。

香比喻念佛功德

念佛是指憶念佛陀的悲心、智慧及相好等種種巍巍功德，而生欣喜而嚮往之，祈願成就與之同等圓滿的生命境界。

念佛可以讓我們憶起佛陀，讓生命不斷朝向成佛的道路，終究圓滿成就佛陀不可思議功德。因此念佛能莊嚴行者。

在《首楞嚴三昧經》中，以「香光莊嚴」來比喻念佛三昧的作用。就好像香氣會染在人身上，所以稱爲香光莊嚴。

《首楞嚴三昧經》卷五中說：「子若憶母，如母憶時，母子歷生不相違遠。若眾生心憶佛念佛，現前當來必定見佛，去佛不遠，不假方便，自得心開。如染香人，身有香氣，此則名曰香光莊嚴。」這是以母子相憶及香氣染於人身來比喻念佛相應，如念佛者薰染佛陀的功德，盈滿身心。

在《觀佛三昧海經》中，佛陀也以栴檀香木和具惡臭的伊蘭木來說明念佛三昧：

栴檀

伊蘭

當時佛陀教導父親淨飯王念佛三味，淨飯王問佛：「念佛功德的相狀爲何呢？」

佛陀告訴父王：「就如同有著惡臭的氣味的伊蘭林方圓四十由旬，其中有一棵牛頭旃檀，雖然已有根芽，但是猶未出土。此林中只有伊蘭林，唯臭無香，如果有噉食其花果者，無不發狂而死。

一直要到栴檀根牙漸漸生長，纔欲長成大樹，香氣轉爲昌盛時，才能改變此林，使林中普皆香美，眾生見到者無不生起稀有贊歎心。」

佛陀以此來說明，一切眾生在生死

中念佛之心也是如此，如果能繫念不止，必定生於佛前，一旦得往生，就能改變一切諸惡，成就大慈悲，就如同栴檀香樹改變伊蘭林一般。惡臭的伊蘭林就如同眾生身內貪、瞋、痴三毒，及身、語、意三障無邊重罪，而美好的栴檀則比喻眾生念佛之心。纔欲長成大樹，則是比喻一切眾生能念佛不斷，道業成辦。

香與淨土

淨土代表著一切生命最欣悅嚮往的世界，因此，淨土中所有的事物，都是能使人身心感受舒適愉悅，修行增長的環境。因此，能帶給人愉悅感受的香，也是淨土中常見的莊嚴。

菩薩所發願成就的淨土中，眾生香風的種類各各不同，有求優缽羅華香風、優陀派羅香風、求沈水香、求多伽羅香風、求阿伽羅香風、有求種種香風，如果眾生心中希望吹拂何種香風，在其心想時即得成就。

而天上也以香爲莊嚴，在《毘耶娑問經》中說，善見天宮殿中有汁香、葉香、沈水等香，種種香熏，復有種種善香勝熏，帝釋天王在此處與百千天女娛樂戲樂。

在《悲華經》卷四中也記載，欲界所有諸天，常有柔軟香風觸身，此風香氣微妙具足，薰諸天人，不須其餘之香，如是香風隨諸天人所需求，冷溫皆使其滿足。

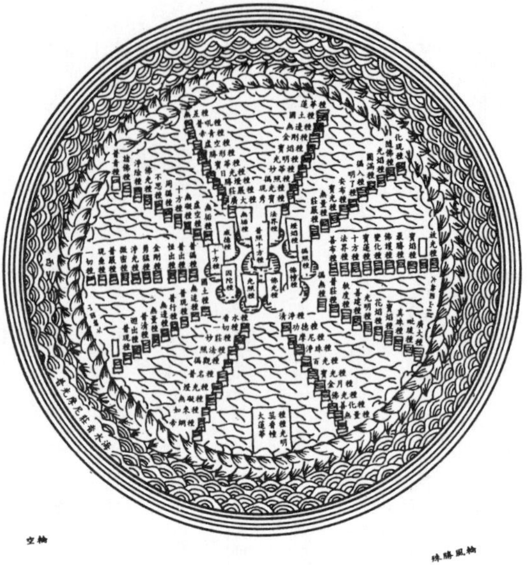

蓮花藏世界海

在無量的諸佛淨土中，以香著稱的，就是香積佛國，又稱爲眾香國、眾香世界，是香積如來所住的國土，位娑婆世界上方過四十二恆沙河之佛土，這個淨土的一切皆以香作樓閣，經行香地，苑園皆以香所成。香積佛國的食物香氣，周流十方無量世界。

在佛教的宇宙觀中，認爲這個世界以須彌山爲中心，周圍有八大山成列圍繞，而山與山之間各有一海水，所以總共爲八海九山，其中除了第八海爲鹹水之外，其餘均爲八功德水，因爲水有清香，所以又稱爲香水海。

此外，在《大方廣佛華嚴經》卷十

中，也記載有各種香水海：「

次有香水海，名無間寶王輪，世界種名寶蓮華莖密雲。次有香水海，名妙香焰普莊嚴，世界種名毘盧遮那變化行。

次有香水海，名寶末閻浮幢，世界種名諸佛護念境界。次有香水海，名一切色熾然光，世界種名最勝光遍照。次有香水海，名一切莊嚴具境界，世界種名寶焰燈，如是等，不可說佛剎，微塵數香水海。」

可見香也是淨土中常見的殊勝莊嚴之一。

密教中的香

在密教許多修法中，香也是必備的供養，燒香與閼伽、塗香、花鬘、燈明、飲食等合稱爲六種供養。依不同的經軌而焚燒不同的香。如胎藏界三部所燒之香就有分別。根據《蘇悉地羯囉經》卷上〈分別燒香品〉記載，佛部應燃燒沈水香，金剛部應燃燒白檀香，蓮華部應燃燒鬱金香，或是混合三種香，通用於三部，或是以一種香通用於三部。

在各種香中，室唎吠瑟吒迦樹汁香，通用於三部，也可以用來獻與諸天。而安息香獻與藥叉，薰陸香則獻與諸天天女，娑折囉娑香獻與地居天，娑落翅香獻與女使者，乾陀囉娑香獻與男使者等，各有不同。

龍腦、乾陀囉娑、娑折囉娑、薰陸、安悉、娑落翅、室唎吠瑟吒迦等香，稱爲七膠香，爲最勝最上者，以此和合而燒之，可以通用於佛部、金剛部、蓮華部之息災、增益、降伏等三種法，共爲九種法。

而《蕤呬耶經》卷中〈請供養品〉記載，在一般供養法中，應該以白檀香混

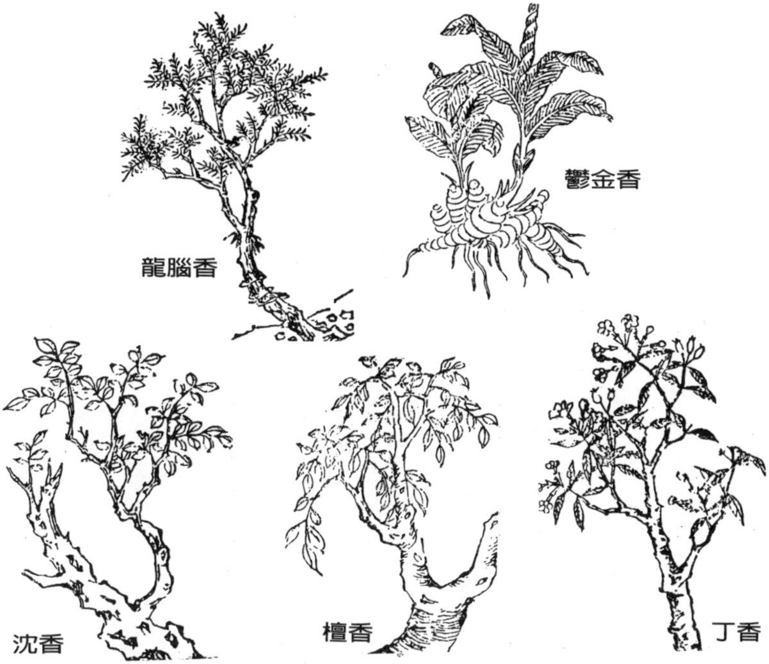

密法中的五香

合沈水香來供養佛部，以尸利稗瑟多迦（室唎吠瑟吒迦）等諸樹汁香供養蓮華部，而以黑沈水、安悉香供養金剛部。

而白檀香、沈水香、龍腦香、蘇合香、薰陸香、尸利稗瑟多迦樹汁香、薩闍羅沙香、安悉香、娑羅枳香、烏尸羅香、摩勒迦香、香附子香、甘松香、闕伽路哩香、柏木香、天木香、地夜香等，與砂糖混合，則稱爲普通和合，可以隨意取用，以供養諸尊。

另根據《蘇悉地羯囉經》卷上〈分別燒香品〉記載，因爲所修之法不同，相應於所燒香的種類也有差異，如修息災法，應焚擣丸香，修降伏法應焚塵末香，修增益法應焚作丸香。

而據不空三藏《佛頂尊勝陀羅尼念誦儀軌》則記載，於息災法應焚沈水香，於增益法應焚白檀香，於降伏法應焚安悉香，於敬愛法應焚蘇合香。另於《金剛頂瑜伽千手千眼觀自在菩薩修行儀軌經》卷下及《金剛壽命陀羅尼經法》等也有相同的說法。

在密法中，常可見到「五香」的說法。如：《成就妙法蓮華經王瑜伽觀智儀軌》、《建立曼荼羅及揀擇地法》中說，密教作壇時，與五寶、五穀等共埋於地中之五香，即是指沈香、白檀香、丁香、鬱金香、龍腦香。另也有爲成就諸眞言而備辦之五種香。在《蘇悉地羯囉經》卷下〈備物品〉中說，即沈水香、白檀香、紫檀香、娑羅香、天木香。

在《乳味鈔》卷二十、卷二十五中記載修孔雀經法時所燒之五香，即沈香、白膠香、紫香、安息香、薰陸香。

在《一切如來大祕密王未曾有最上微妙大曼拏羅經》卷一中並記載供養曼荼羅的各種調香法：「又復有諸香等，於供養義亦有分別，所謂：白檀、麝香、睹魯瑟迦香、乳香、烏尸覽香、室哩吠瑟吒迦香、軡尸香母瑟吒香、吉薩囉香，如是諸香搗篩爲粖，用沙糖和是爲和香，此香可用供養最上曼拏羅。

又白檀香、龍腦香、沈香、麝香，及不蚛恭俱摩香，如是等香，可用供養中等曼拏羅。

又復以安息香、牛角、駝毛，及鼠狼皮等爲屑，用摩儞木汁和合爲香，如是等香可爲調伏法用。

又復赤檀香及黑藥黑毛及苦辣香，如是諸香，可於調伏曼拏羅用。

若是隨力隨分得諸妙香者，可用供養陀羅尼曼拏羅、最上忿怒曼拏羅等。

經中說供養最上曼荼羅、中等曼荼羅，及調伏曼荼羅等，皆用不同的香，與不同的本尊相應。

香的修持法門

在佛法中，將人類與外界溝通的途徑，以眼、耳、鼻、舌、身、意等六根來統攝。相應於此六根所對應的外境，則有色、聲、香、味、觸、法六塵。由於這些外境很容易使人心思迷惑、執著，如同塵垢覆蓋清淨自性，因此稱爲「塵」。

六根、六塵雖然容易使人執著、迷妄，但卻也是最佳修行悟道的入手處。因此，與鼻根相應的香塵，也是極佳的修行法門。

⊙楞嚴經中的香嚴童子

《楞嚴經》中談到諸根圓通的法門中，其中關於香的修法，是香嚴童子以香塵來修持：「香嚴童子，即從座起，頂禮佛足，而白佛言，我聞如來教我諦觀諸有爲相，我時辭佛，宴晦清齋，見諸比丘燒沈水香，香氣寂然來入鼻中。我觀此氣，非木非空，非煙非火，去無所著，來無所從，由是意銷，發明無漏。如來印我得香嚴號。塵氣倏滅，妙香密圓。我從香嚴，得阿羅漢。佛問圓通，如我所證，香嚴爲上。」

大意是說，在《楞嚴經》的法會中，有二十五位聖者，分別敘述自身開悟的法門。當時香嚴童子敘述自身得悟的因緣，就是以聞香入手：「當時我聽見如來教我諦觀一切有爲相。告別佛陀之後，就於居處靜堂養晦自修，看見比丘們燒沈水香，香氣寂然，入於鼻中。

我觀察這個香氣，並非本來有的，也不是本來空的；不是存在煙中，也非存在火中，去時無所執著，來時無所從來。我由此心竟頓銷，發明無漏，證得阿羅漢果位，佛陀問圓通法門，如我所證悟者，以香的莊嚴爲最殊勝。」

香嚴童子就是由於聞沈香味而發明無漏，證得羅漢果位。

⊙以鼻根入道的孫陀羅難陀

另外有一位孫陀羅難陀，也是觀鼻中氣息出入，如煙一般，由此而悟道。經中記載：

孫陀羅難陀即從座起，頂禮佛足而白佛言：「我初出家從佛入道，雖具戒律，於三摩提心常散動，未獲無漏。世尊教我及俱絺羅觀鼻端白，我初諦觀經三七日，見鼻中氣出入如煙，身心內明圓洞世界，遍成虛淨猶如瑠璃。煙相漸銷鼻息成白，心開漏盡，諸出入息化狹光明照十方界，得阿羅漢，世尊記我當得菩提。佛問圓通，我以銷息息久發明，明圓滅漏，斯爲第一。」

經中孫陀羅難陀自述悟道因緣：「當初我出家，隨從佛陀入道時，雖然具足戒律，但是心卻常散動，無法證入無漏解脫。

於是世尊教我和俱絺羅觀鼻端一片白。當時我初開始定心諦觀，經過二十一日，只見鼻中氣息出入如煙一般，身心內在，遍成虛空清淨如瑠璃一般。後來，這個煙相逐漸消失，鼻息成爲白色，心中開明，煩惱盡除，出入的呼吸都化爲光明，遍照十方世界。」

由此孫陀羅難陀，以數息入道，證得阿羅漢之聖果，世尊授記其未來當得無上菩提。

⊙成就鼻根神通的法門

在《菩薩從兜率天降神母胎說廣普經》卷二中，記載著釋迦牟尼佛爲最後生菩薩時，曾經自述其修持鼻根神通之事：「我從無數阿僧祇劫修鼻神通，能遍嗅十方無量眾生，悉能了知分別善香惡香，麤香細香，火香水香，俗香道香，乃至菩薩坐樹王下香，戒香、定香、慧香、解脫香、解脫知見香。

教授眾生大慈無邊香，悲愍眾生香、喜悅和顏香、放捨周遍香、神足無畏香、覺力根本香、破慢貢高香、自然普熏香、莊嚴佛道香、趣三解脫門香、相相殊勝香、明行果報香、分別微塵香、光明遠照香、集眾和合香、五聚清淨香、持入不起香、止滅眾垢香、觀滅眾垢香、聞戒布施香、慚愧無慢香、仙人法勝香、說法無礙香、舍利流布香、封印佛藏香、七寶無盡香。」

這些香，從世間的好、壞之香，乃至出世間的解脫之香，菩薩都能遍聞。

接著菩薩就用以下的偈頌，來宣說菩薩種種特德之香無有退轉，並贊歎佛身戒德之香更是未曾有：「

摩伽山所出產，花香及栴檀香，三界所有的香，不如戒香殊勝。戒香滅除眾垢，往來出入無間，菩薩住不退轉，涅槃香為第一。譬如善射之人，仰頭射於虛空，箭勢不盡虛空，不久復墮於地。德香遠播無際，終無有轉還時，今宣說佛身香，戒、定、慧、解、度香。於億百千時劫，不能盡說佛香，若於千萬劫時，佛讚歎佛功德。大聖不能盡說，佛身戒德之香，諸佛威儀之法，及授前補處別。佛口中五色香，上送至忉利天，還回來至佛所，迴遶佛身七匝。諸天散供花香，稱歎未曾有此，定香遠遠流布，濟度阿僧祇劫。」

當菩薩宣說此偈之後，法會中十二那由他眾生，心識開悟，都發願願樂欲生香積國土。這是菩薩摩訶薩成就鼻根神通的事蹟。

⊙普賢菩薩鼻根懺悔法門

在《觀普賢菩薩行法經》中，普賢菩薩宣說六根懺悔的法門。在鼻根懺悔法門中，行者思惟自身累劫以來由於鼻根分別貪著好香，墮落生死，因而發露懺悔。

經中為行者說懺悔的法門：「你在前世無量劫中，以貪香故，分別諸識，處處貪著，墮落生死。現今應當觀大乘之因，所謂大乘之因，就是諸法實相。」

行者聽聞如法是語，五體投地，復更懺悔。

懺悔之後，應當對菩薩說：「南無釋迦牟尼佛！南無多寶佛塔！南無十方釋迦牟尼佛分身諸佛！」作是語後，再遍禮十方諸佛，南無東方善德佛及分身諸佛，如眼目所見，一一至心頂禮，以香華供養。供養完畢之後，胡跪合掌，以種種偈頌讚歎諸佛。

普賢菩薩為行者宣說懺悔法門

讚歎之後，又說十惡業，懺悔諸罪。懺悔之後，行者又自行懺悔：「我於先世無量劫時，貪著香味觸，造作眾惡業，以如是因緣，無量世來，恒受地獄、餓鬼、畜生、邊地、邪見等諸不善身，如此惡業今日發露，歸向諸佛正法之王，說罪懺悔。」如是漸次懺悔六根清淨，就如同器皿清淨無有破損，能受持無上妙法。

⊙願一切眾生得聞無上菩提香之願

《慈悲道場懺法》卷十中記載「發鼻根願」的法門。

經中說，行者於鼻根發願時，應如是發願：「又願今日道場同業大眾，廣及六道一切眾生，從今日去乃至菩提，鼻常不聞殺生味飲食之氣，不聞畋獵放火燒害眾生之氣，不聞蒸煮熬炙眾生之氣，不聞三十六物革囊臭處之氣，不聞錦綺羅縠惑之氣。

又願鼻不聞地獄剝裂炸爛之氣，不聞餓鬼飢渴飲食糞穢膿血之氣，不聞畜生腥臊不淨之氣，不聞病臥床席無人看視瘡壞難近之氣，不聞大小便惴臭穢之氣，不聞死屍膖脹虫食爛壞之氣，唯願大眾六道眾生從今日去，鼻常得聞十方世界牛頭旃檀無價之香，常聞優曇鉢羅五色華香，常聞歡喜園中諸樹華香，常聞兜率天宮說法時香，常聞妙法堂上遊戲時香，常聞十方眾生行五戒十善六念之香，常見一切七方便人十六行香，常聞十方辟支學無學人眾德之香，常聞四果四向得無漏香，常聞無量菩薩歡喜、離垢、發光、焰慧、難勝、現前、遠行、不動、善慧、法雲之香，常聞眾聖戒、定、慧、解脫、解脫知見五分法身之香，常聞諸佛菩提之香，常聞三十七品十二緣觀六度之香，常聞大悲、三念、十力、四無所畏、十八不共法香，常聞八萬四千諸波羅蜜香，常聞十方無量妙極法身常住之香。

發鼻根願之後，相與至心五體投地，歸依世間大慈悲父：南無彌勒佛、南無釋迦牟尼佛、南無梨陀法佛、南無應供養佛、南無度憂佛、南無樂安佛、南無世意佛、南無愛身佛、南無妙足佛、南無優鉢羅佛、南無華纓佛、南無無邊辯光佛、南無信聖佛、南無德精進佛、南無妙德菩薩、南無金剛藏菩薩、南無無邊身菩薩、南無觀世音菩薩。又復歸依如是十方盡虛空界一切三寶。

並祈求十方諸佛願以慈悲力同加攝受，令自身得如所願，滿菩提願。」

由於鼻根和香與我們身心的密切關係，而發展出各種香的修持法門，從了悟香的無實體性而悟道，乃至以鼻根廣起廣大勝願，成就鼻根神通，開啓了香的成佛之道！

第三章 供香的方法與真言手印

供香是我們對佛菩薩眞誠的供養，也以此象徵自身煩惱的止息，得到解脫的清涼自在。

由於香在供養中的重要地位，經論中也記載許多供香的方法、儀軌。在供香之前，我們先來了解，如何辨識好香與壞香，才能眞正獻上好香來供養。

首先，我們要注意供香一定要用好而純的香，千萬不要用化學的香料。好的香，它會使人諸根集中持攝，鎭靜中樞神經，使定力增強，諸根增長。尤其是修行者，六根特別敏銳，氣脈特別通暢，如果用化學香，進入體內會造成殘存，不但擾亂定境，使意念紛雜，而且火氣容易上升，不但達不到安神作用，反而使身心受損。

⊙辨識好香的方法

香的好壞，不僅影響我們的供養，也影響人體健康。要辨識香的好壞，可以從幾方面著手：

1.外觀上必須表面勻稱，未染色；拿取時不掉香粉、不沾手；（立香）香腳細而直。

2.點燃後產生的香味清雅耐聞；不刺眼、不刺鼻；香味的滲透力及持久性強。

3.最重要的，好香必須是以天然香料研磨製成，不含任何化學物品，有益健康者。

以香禮佛，重在表達誠心、體悟自性，所以，最好是採用臥香或質料較佳的盤香，用好香不但身體健康，心思也容易寂靜，更是表達供佛最恭敬的心意。

市面上許多便宜的香，大多是用木屑染色，加上化學香精做成的，因此容易造成空氣污染。媒體曾經呼籲民眾，在初一、十五時盡量避免到廟裏，因爲初一、十五去拜拜的人很多，每個人都去上香，但用的都是化學香，燃燒後產生極爲嚴重懸浮微粒的空氣污染，會使人產生頭暈、過敏等現象。

好的香空氣滲透力極強，點一根，大約可以滲透四、五十坪的地方，可以改善不良的環境和氣味。

好的沈香，如果讓心沈靜下來，再聞香的味道，就會感覺有一股清涼之氣從喉頭沈下來，很舒服。室內如果有發黴的地方，一經薰過，就不再發黴了，可見好香不只是清淨環境、身心的最佳良品，更有益於身心修持，眞正可以向佛、菩薩表達最上敬意的媒介。

每天眞誠的上香供養、祈願，能成就無上菩提，使一切心願圓滿，幸福如意，世出世間的修行、智慧、慈悲等一切菩提事業，也能如願成就。

供香的方法

供香的方法及內容，各經論所記載有多種，以下是參照各種經論中記載的儀軌整合而出的供香法。

依照這種供香的方法，如法供養，能使供香者如實獲得供香的利益。

一、清淨身心

在供香之前，首先要洗手、漱口，端正儀官，身心寂靜安定。

二、供佛

在所奉養的佛菩薩、本尊，聖像之前，恭敬合掌，眼中觀察佛菩薩光明聖像，思惟佛陀及一切聖眾的功德巍巍，

圖 1

一心誠敬供養，就如同佛菩薩現在眼前一般。（圖1）

圖2

三、持誦燒香眞言

接著，我們捻起所供養之香，燃香持至胸前。（圖2）

（此時也可以持誦「金剛香菩薩眞言」：

〈金剛香菩薩眞言〉

唵　薩婆—怛他揭多—杜婆—布穰—暝伽—三慕達—羅窣發羅拏—三末曳—吽

oṃ sarva-tathāgata-dhūpā-pūjā-megha-samudra-spnarana-samaye hūṃ

（皈命　一切如來　燒香　供養雲海　普皆　平等　能滿願）

此時我們祈願所供之香，化為無量廣大香雲，普薰法界，上令十方諸佛歡喜，下能覺悟一切有情。

圖3

四、皈命諸佛

如果有個人特別供養的佛菩薩本尊，這時可以特別持念：一心奉請　南無〇〇（佛）如：

一心奉請　南無本師釋迦牟尼佛

一心奉請　南無阿彌陀佛

一心奉請　南無大悲觀世音菩薩

行者可以隨自己的能力運心觀想，一心所奉請諸聖眾，放出廣大光明，來到眼前，接受我們的供養，並歡喜受用。（圖3）

五、唸供香偈

皈命諸佛之後，接著我們要唸供香偈，觀想祈願以此香供養十方一切諸佛

圖4

賢聖，在無邊的世界中，都能普薰一切眾生，共同成證無上圓滿菩提。

願此香花雲，遍滿十方界，
供養一切佛，尊法諸賢聖，
無邊佛土中，受用作佛事，
普薰諸眾生，皆共證菩提。

接著我們觀想諸佛菩薩十方聖眾，歡喜接受供養，一切有情也都安住於究竟安樂，然後歡喜的供香，將香置於香爐中。

六、恭敬禮佛

放香之後，接著我們要恭敬禮佛。

我們一心恭敬頂禮佛陀三拜（圖4），如力觀想佛菩薩如實在前，並且一心思惟憶念：

能禮所禮性空寂，感應道交難思議，我此道場如帝珠，一切如來影現中。

我們思惟能禮的我，及所禮之聖者，都是自性本空寂，所以能產生佛入我，我入佛不可思議的感應道交。我們心之道場宛如帝釋天的摩尼寶珠能隨外色映現其中，因此，一切如來皆能影現我們自心之中。

七、迴向、祈願

最後我們雙手合十，一心迴向、祈願，眾願自然成就。

迴向時我們可以唸以下的偈誦：

願以此功德　普及於一切　我等與眾生　皆共成佛道

如果有個人特別迴向、祈願，可以依照下列的方式來迴向祈願：

爲先祖、冤親祈願：願以此功德，迴向弟子歷代先祖、冤親債主，離苦得樂。

爲家人眷屬祈福：願以此功德，迴向弟子眷屬闔家吉祥安康。

爲生病者祈福：願以此功德，迴向〇〇〇疾病早日康復。

爲往生者祈願：願以此功德，迴向〇〇〇往生淨土，離苦得樂。

爲事業祈請：願以此功德，迴向〇〇〇世間、出世間事業，悉皆成就。

爲學業祈請：願以此功德，迴向〇〇〇早開智慧，學業進步。

爲災障地區祈請：願以此功德，迴向〇〇地區災障平息，平安吉祥，有情安樂，入於佛道。

以上的供香法，可以作爲禮佛上香時的儀軌來修持，透過每天供香時眞誠的祈願，不但可以圓滿祈求的心願，另一方面也能以此來體悟香的深層意涵，到達解脫的境界。

供香的眞言與手印

由於香是主要的供養之一，所以在經典中也記載著各種供香的眞言及手印。《大毘盧遮那經供養次第法疏》卷二中說，有塗香等六種眞言，都是入曼荼羅供養時所必須的。

如是，戒香其性本然寂靜，無去無來，而恆常遍滿法界，所以名爲清淨塗香。一切眾生雖然本來具足，但是因爲尚未發心的緣故，所以，此香未發，先以此戒香塗身，能以清淨戒香普熏一切。

由於香煙無定相，讓修行者了知法界定相不可得，如是法界深廣無邊無際，不可度量，而修行者殊勝精進不休息，所以身、語、意業也遍透法界。

在密教的經軌中，記載著許多與香有關的眞言，燒香、塗香，以香湯沐浴淨身，口中含香潔淨口氣，也是修法中常見的儀軌。

在《佛說聖寶藏神儀軌經》卷一中，有燒香儀則。經中說要以無蟲的白檀、牛頭栴檀、沈香、乳香等，於爐內焚燒。焚燒時應作如是言：「我今獻香。」同時以二手大拇指，捻中指等三指指甲，令二頭指屈第三節，作燒香印。再誦燒香眞言七遍。眞言如下：

囉怛曩(二合)婆捺囉(二合)曩帝睹嚕睹嚕摩賀(引)度波必哩(二合)夜野娑嚩(二合)賀(引)

而在《金剛頂瑜伽文殊師利菩薩法》卷一中，也記載有金剛燒香眞言：

唵鉢囉(二合)攞(二合)儞(引)寧(上)

此時並結金剛散花印，結月向上如散化狀，由於此散花印加持的緣故，能使行者速證般若波羅蜜。

◎《不空羂索陀羅尼儀軌》中香的真言

不空羂索，是指不空羂索觀世音菩薩；又稱不空羂索菩薩。

不空羂索觀音一名中的「不空」（Amogha），是指心願不空之意。「羂索」（pāśa）原指古代印度在戰爭或狩獵時，捕捉人馬的繩索。以「不空羂索」爲名，是象徵觀世音菩薩以慈悲的羅索，救度化導眾生，其心願不會落空的意思。

在《不空羂索神變眞言經》中說，在過去第九十一劫最後劫，觀世音菩薩曾經接受世間自在王如來的傳授，而學得不空羂索心王母陀羅尼。並於初得此陀羅尼時，即證得十百千不空無惑智莊嚴首三摩地門，由此眞言之力，現見十方無量無數種種刹土諸佛如來所有會眾，而皆供養聽聞深法，輾轉教化無量有情，皆得發趣無上菩提。此後，觀世音菩薩即常以該眞言教法，化導無量百千眾生。因此，當觀世音菩薩示現化身，以此法救度眾生時，便稱爲不空羂索觀音。

在《不空羂索陀羅尼儀軌》卷下也記載各種香的眞言：

1.含香眞言：

唵一婀姥伽二健馱嚩底三素嚕素嚕四鉢囉二合噻普嚕五[穴立][色也]健悌六鉢[口特]摩囉二合鞞七莎嚩二合訶

經軌中說：

如是眞言三昧耶，應當以上好白檀香，那羅那香、赤蓮華畢里迦香、欝金香，躬矩麼香、蓮華鬚等七物，數各十二分，又加上龍腦、香附子，二數量等各四分，擣治石蜜而和合之，每念誦時，加持含於口中，便使口氣香潔，猶如鬱鉢囉華之香，常得諸佛及觀世音菩薩，歡喜祐護而讚歎。若有胸藏痰飲吐逆病，便得銷鑠而去除。

三十三天聽聞含此香者讚誦陀羅尼之聲，無不歡喜敬護，一切有情得聞此人之聲，皆得除去煩惱而相敬愛。恒常如法含香者，大辨才天則示現秘密神通，隱入其舌端，使其辨才無礙，先前所忘失者，也會令其憶知。長含此香讀誦者經咒，一切善相自然顯現，無量垢染重罪悉皆消滅，無有非人橫加干嬈。

2.澡浴藥眞言

唵一弭麼攞弭誐帝二鉢哨麼弭嚩隸三三嚩囉者隸四濕嚩哩鈝五婀姥伽悉悌六輸陀野鈝

經中說，如是眞言三昧耶，應當以龍華、丁香皮、烏施羅香、甘松香、白栴檀香、蓮華鬚、零陵、翳羅、白豆蔻、哆誐囉香、欝金香、鉢羅莽拏唎迦藥、射莫迦藥、丁香花、鄔迦囉乾地迦藥，如是數種各皆等分，精潔合治，以雨水合和，於澡浴時加持用，和湯如法，清淨沐浴，使膚體潤澤、芬芳，能蠲除種種災厄，洗滌垢穢。

如此清淨如法而誦念，行住坐臥無有悚怖，一切諸惡天龍神等，如毘那夜迦擾亂之輩，自然消失，歡喜無有障礙。如果經常以此香藥和湯沐浴者，當知此人速成效驗，諸佛菩薩、諸天神，無不喜悅瞻護，圓滿其願。

3.香爐眞言：

唵一 婀姥伽引 嚩怛那二 弭摩娜三 迦吒四 入嚩地瑟恥二合 多五 窣健度入嚩囉引六 噻叵囉拏七 三曼底娜八 入嚩囉九 莎嚩二合 訶引

此呪加持香爐執置壇內，燒香供養。

4.洗浴眞言：

唵一 窣瓢娜迦二 三步哆引 阿姥伽三 皤嚕拏嚩隸四 阿鼻詵者五 鈝

此呪加持香湯，灌洗浴身。

5.塗壇眞言：

唵一 窣麼囉二 迦耶引 輸馱禰三 窣弭野二合 健馱跛囉布囉抳布囉野布囉野鈝

此呪加持香泥香水，摩壇供養。

⊙護摩法中香的手印與眞言

護摩（homa），又作護魔、戶摩、呼魔、呼麼等，意義是將供物投入火中供養，即燒食供養之義。

護摩法之意源於婆羅門教供養火神，以爲驅魔求福之作法，事火婆羅門在火神的祭祀中，將供物投入祭壇之爐中，火焰表示入於諸神之口，諸神依此得力以降伏諸魔，而賜福予人們。

佛陀隨順世俗，將其內涵加以轉化昇華，依法性意義融攝之，而成爲密教的重要修法。在《大日經疏》卷二十中說：「護摩是以智慧之火焚燒煩惱的薪柴，使其窮盡無餘。」

而在《尊勝佛頂眞言修瑜伽軌儀》卷下則說，護摩者就如同爲火天一般，火能燒草木森林，使其無有剩餘，所以智火也是如此，能燒除一切無明，無不窮盡。

在護摩法中，也有供香的手印與眞言：

1.燒香眞言

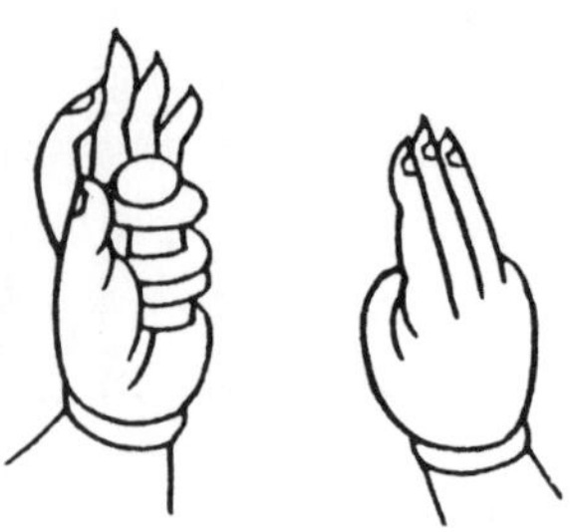

2.塗香眞言

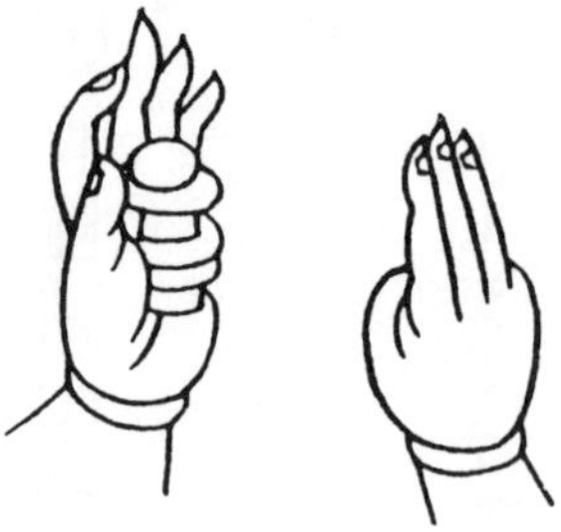

行者手先結燒香印，將右手的食指、中指放在香爐下，拿起香爐，將香爐移置左手閼伽半印上，以右手小三胋印做加持，以閼伽印做供養。

並誦眞言：

南麼　三曼多勃馱喃　達摩馱睹弩蘗帝　莎訶

namaḥ samanta-buddhānāṃ dharma-dhātv-anugate svāhā

手先做塗香印：左手作金剛拳置腰上，以右手大拇指，中指取塗香器，在燒香上旋轉三遍熏香。

左手作閼伽半印，將器移置，以右手作小胋三印，行三次加持，唸眞言「喃」字，雙手做閼伽印，其上置塗香器，捧起唸眞言「嗡」字。

此時誦眞言：

南麼　三曼多勃馱喃　微輸馱健杜納嚩　莎訶

namaḥ samanta-buddhānāṃ viśuddha-gandhodbhavāya svāhā

3.燒香眞言：

首先雙手先結燒香印，雙手手掌向上並齊，中指以下三指背對背立起，二食指側相接，伸直二拇指。

此時誦眞言：

南麼　三曼多勃馱喃　達摩馱睹努蘗帝　莎訶

namaḥ samanta-buddhānāṃ dharma-dhātv-dhātv-anu-gate svāhā

4.塗香

雙手先結塗香印：右手五指並立，拇指橫放掌中，立臂向外，以左手握右腕，如在本尊身上塗香，輕輕下垂。

此時並誦眞言：

南麼　三曼多勃馱喃　微輸馱健杜納嚩　莎訶

namaḥ samanta-buddhānāṃ viśuddha-gandhodbhavāya svāhā

⊙金剛界法中的真言與手印

金剛界法是供養金剛界曼荼羅諸本尊的修法。

金剛界（梵名 vajra-dhātu）略稱金界。是根據《金剛頂經》、《大教王經》所脫，此金剛界由佛部（中）、金剛部（東）、寶部（南）、蓮華部（西）、羯磨部（北）等五部組成。代表大日如來的智慧法身，其體堅固猶如金剛，能摧破一切煩惱，所以稱爲金剛界。

在「金剛界法」中，也有與香有關的眞言和手印。

1.金剛塗

首先結手印：兩手外縛，解開摩胸，如塗香狀。

再誦眞言：

嚩日囉巘提

vajra-gandha

2. 金剛香

雙手結手印，並拳向下散開。

再誦眞言：

嚩日羅度閉

vajra-dhūpe

3. 塗香

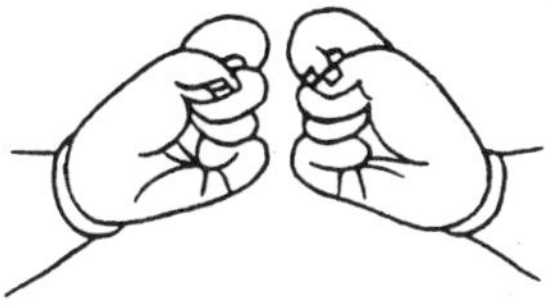

雙手結手印：雙手作金剛拳仰上；開掌塗胸。

同時誦眞言：

唵　薩婆怛他揭多　健陀布穰瞑伽三慕達囉　窣發

羅拏三末曳　鈝

oṃ sarva-tathāgata-gandha-pūja-megha-samud ra-spharaṇa-samaye hūṃ

4. 金剛塗香菩薩

首先雙手結印：雙手外縛，而後解開外縛，右在上左在下，向左右拉開，表

5.金剛香菩薩

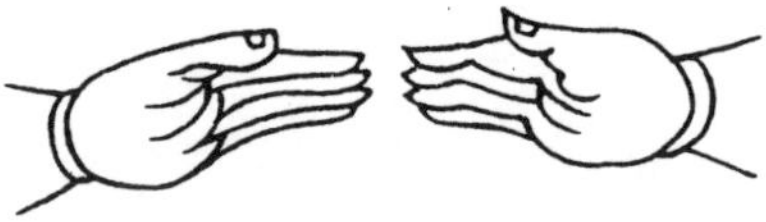

示將香塗在身上的意思。

同時誦眞言：

蘇巘唐儗

su-gandhāṅgi .

雙手法手印：兩手金剛拳相並，向下散開，如香雲遍布。

同時誦眞言：

嚩日囉度閉

vajra-dhūpe

第四章 香料的種類

一般而言，香料是指由富含香氣的樹皮、樹脂、木片、根、葉、花果等所製成的香之原料。依原料的不同，又可分爲旃檀香、沈香、丁香、鬱金香、龍腦香、薰陸香、安息香等豐富的種類，甚至也有動物的分泌物所成形的香，如龍涎香、麝香等。

香料大多出產於氣候酷熱的地區，由於熱帶地區人體容易產生體垢及惡臭，所以古來爲了消除體臭，就將當地盛產的香木製成香料，塗抹於身上，稱爲塗香；或是焚香料薰室內及衣服，稱爲燒香或薰香。

茉莉

鬱金香

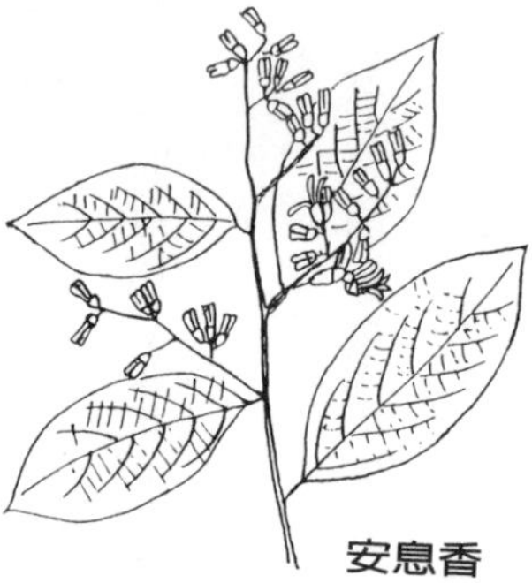

安息香

龍涎香

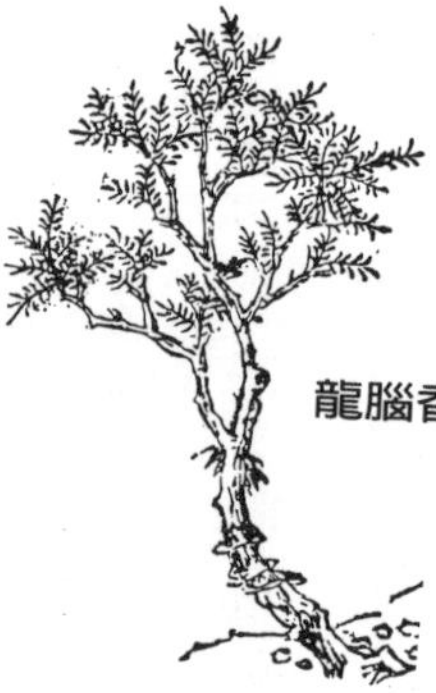

龍腦香

各種動植物香料

其中，塗香所用的香料有香水、香油、香藥等；燒香所用的材料有丸香、散香、抹香、練香、線香等。根據《大智度論》卷三十所記載，燒香只能在寒天時用，而塗香在寒、熱天也可使用，寒天時雜以沈水香，熱天時則雜以旃檀香。塗香、燒香更攝屬六種供養、十種供養之一，在密教之中，依三部、五部之區別，所用的香也有不同，即佛部用沈香，金剛部用丁子香、蓮華部用白檀香，寶部用龍腦香，羯磨部用薰陸香等。

香料的種類非常豐富，一般而言，其來源有三種：一是從植物採集的植物性香料，一是從動物採集的動物性香料，而另一種則是從化學提煉的人造香料、合成香料。

自然界中的香料大多存在於動物界與植物界中，幾乎沒有存在於礦物中的。植物性香料的範圍甚廣，產地依種類而異，大體上是以亞熱帶地區爲中心產地，亦遍及西南歐地區如法國義大利、西班牙等處。

植物性香料的分布最爲廣多，採集也比較容易，種類繁多，大多採自於花、草、樹木。例如：薔薇、茉莉、水仙、風信子、紫羅蘭等是採自鮮花；佛手柑、檸檬、橘子等是採自果皮；樟腦、白檀、沈香等是採自樹木枝幹；龍腦是採自樹脂。其它尚有丁香、肉桂、胡椒、茴香等，則或是採自樹皮，或採自果實種子。不同的香料採集方式不同，大致是將植物散發香氣的部分，依其性狀用蒸餾、壓榨、乾燥等方法取得。

動物性香料主要有四種：麝香，多產於雲南、緬甸、喜馬拉雅地區；麝貓香，產於衣索比亞；海狸香，產於北美洲；以及龍涎香，產於印度洋、太平洋。前三種爲動物的生殖腺所分泌，龍涎香則是採自眞甲鯨體內類似病體的結石組織。現今使用之麝香、龍涎香，多爲人工合成的化學品，而海狸香很少使用，麝貓香則僅作爲保留劑。

由於天然香料採集過程繁複不易，而且數量有限，因此有人造香料的產生，而其用途也更爲廣泛，遍及各類事物，乃至我們日常生活用品。

以下我們所要介紹的是佛教中常見的香料。

梅檀香

梅檀（梵名 candana，學名 Sirium myrtifolium），爲檀香科常綠喬木，產於印度、中國、泰國。檀香是極爲常見的香料，經常做爲東方廟宇焚香之用，及火葬時的高級燃材。

檀香是印度東南部、馬來西亞及帝汶（Timor）島密生潮濕森林中的土產

植物。它的根附著在其它樹木的根部，但最後卻可長至四〇英呎（十二公尺）高，是生長最慢的樹種之一。

檀香具有對生的卵形葉片，前端爲尖型，而花朵則僅由長自花萼的四條雄蕊所組成。檀香的木材蒸餾後，可以得到極香的精油。是印度香水 Abir 的主要成分。斐濟群島的婦女將檀油和椰子油混合後，用來擦在頭髮上。

檀香木的英文名是 Sandal wood，可分爲：紫檀、黃檀與白檀。本來只有印度和印尼出產檀，目前許多地方都有出產，像東加王國、新幾內亞、飛枝群島等地都有。

另外有一種區別檀的說法，則是說：「皮在而色黃者，謂之黃檀；皮腐而色紫者，謂之紫檀。」如就此觀點，白、黃、紫檀可能是以顏色來區分。

此外，一般又有老山檀木與新山檀木之分，這個由來，傳說是很久以前的香料進口商，因爲印度的檀香很難出口，就從其他的地方開發。進口以後，消費者發現和以前的不太一樣，進口商就說：「以前是比較深山地區的，年代比較久，叫老山，現在砍伐完了。這一種是比較淺山的，是新的。所以就叫新山。」後來現在所謂的「老山」就指印度所生產的檀木，新山是新開發的其他地區所生產的。

梅檀自古在印度西岸的西格茲山系一帶栽培，形成梅檀的一大產地。梅檀是梵語 Candana 的音譯，和印度教也有密切的關連，除了做爲香使用以外，也用來畫在額頭上，作爲表示宗派或階級的染料。

栴檀樹的莖幹通常高達二、三十呎，木質密緻有香味，常作爲雕刻或製成佛具；根部如果研磨成粉末，則可以作香，就是栴檀香或稱檀香，也可製成香油，稱之爲檀油。栴檀樹的葉是以一、二寸鎗鋒狀對生，花作房狀。果實是球形核果，大如蠶豆，成熟之後則呈黑色，汁液豐富。果核非常堅硬，豎起來則有三凸稜。

《慧琳音義》中又說：「栴檀，此云與樂，謂白檀能治熱病，赤檀能去風腫，皆是除疾身安之藥，故名與樂也。」栴檀是「予樂」的意思，因爲白檀能治各種熱病，赤檀能去除風腫，都是能去除疾病使身體安樂的藥。

檀香木

《玄應音義》卷二十三中也說有赤、白、紫等數種栴檀，又有牛頭栴檀、蛇心檀兩種，前者呈灰黃色，香氣濃郁，自古以來經常用來雕刻佛像，例如優填王即是以牛頭栴檀彫刻佛像。

在《法華經》卷十九〈法師功德品〉中，提及持誦《法華經》者，可得證鼻根功德，善能嗅聞及分別種種天香、栴檀、沈水等種種妙香。

在佛經中，也常以栴檀妙香於眾香中的殊勝，來表示大乘菩薩比小乘聖者殊勝之處。在《頂生王因緣經》卷三中說：「譬如有人其身臭穢，雖以栴檀沈水香等種種塗身，猶不能香，如是不勤求聲聞、辟支佛乘，不斷惡業，乃至邪見，如果以摩訶衍大乘香塗，猶故不香。」

經中比喻就像有人身體臭味污穢，雖然用栴檀、沈水等種種殊勝妙香加以塗身，還是無法感到芬芳，就如同求道之人不斷惡業乃至邪見，身心充滿臭穢，即使外表以摩訶衍大乘香來塗身，還是沒有用。而栴檀也常代表香中殊勝者，與修行之戒香作比喻。

在《佛說戒香經》中，也以沈香、檀香爲世間上等的香，用來比喻持佛淨戒香者，諸天愛敬，諸魔遠離。經中又說：世間所有諸花果，乃至沈檀龍麝香，如是等香非遍聞，唯聞戒香遍一切，栴檀鬱金與蘇合，優鉢羅並摩隸花，如是諸妙花香中，唯有戒香而最上。所有世間沈檀等，其香微少非遍聞，若人持佛淨戒香，諸天普聞皆愛敬，如是具足清淨戒，乃至常行諸善法，是人能解世間縛，所有諸魔常遠離。經中說世間所有沈香、檀香等的香味非常微少，無法普遍薰聞，如果有清淨持戒者，此戒香不但能普遍薰聞，而且能得到諸天愛敬，具足清淨戒行，乃至常行種種善法，一切諸魔悉皆遠離。

佛經中也以栴檀之樹、根、華俱香，來比喻菩薩的行持如同風吹草偃，見聞者無不受到感化，隨順同行。

白檀是栴檀的一種，又稱爲白栴檀、白檀香樹。是產於印度的香樹，由於木材身帶白色，而有此名稱。栴檀樹的樹身可以製成香，稱爲白檀香或白栴檀香。在《大唐西域記》卷十中〈秣羅矩吒國〉條下記載：秣羅國的海邊有秣剌耶山，其中有白檀香樹，但又有其他相類似的樹木，無法分辨，只有在夏天的時候，登於高處望之，則會看見有大蛇縈繞於白檀木之上。這是因爲白檀木性涼冷，所以蛇類喜歡盤於其上，當地人就以箭遠遠地射此樹，做下記號，等到冬季大蛇蟄藏之後，再來伐木。

⊙檀香的功用

除了製香之外，自古以來，印度就風行以栴檀雕造佛像。例如《不空羂索陀羅尼經》中記載觀世音菩薩像之造法：「或用木作，亦以白檀，或紫檀香、檀木、天木。」此外，中國、日本等地亦流行以白檀木雕刻佛菩薩的聖像。依《入唐求法巡禮行記》卷一所記載，圓仁入唐時，曾經到台州開元寺瑞像閣參拜白檀釋迦像。白檀同時也是五香之一，是密教修法時常用的供品。

在《增一阿含經》卷二十八記載，佛陀成道之後，至忉利天為佛母摩耶夫人說法三個月，當時，憍賞彌國優塡王非常思慕佛陀，於是請毗首羯摩天造佛陀形像，這是世間有佛像之始。相傳優塡王造像的同時，波斯匿王造金像，但是法顯於《佛國記》中卻記載，波斯匿王所作是牛頭旃檀木佛像，保存於祇洹精舍。

玄奘在《西域記》卷五中，曾經敘述憍賞彌國有高六十尺的大精舍，內安置優塡王下令雕造的旃檀像。同書卷十二又列記自印度帶回之佛像、經卷，如：「刻檀佛像一軀，通光座高尺有五寸，擬憍賞彌國出愛王思慕如來，刻檀寫眞像。」由此可知，玄奘大師到印度時，不僅於憍賞彌國禮拜旃檀像，而且曾攜回模刻之像。

檀香除了也是一種很好的香料外，也有藥效。由檀木中所抽出的叫檀油。它有消炎、去暑、提神醒腦、潤滑皮膚等功效，對手龜裂、富貴手、黑斑、蚊蟲咬傷等皮膚症狀有特別的藥效。在盤尼西林等抗生素沒有發明之前，這是對抗皮膚惡症最好的物品。以前有很多惡毒的皮膚病，都是用檀油來治療。印度所產的檀木，它的油產率，約在百分之四到六，而印尼差不多百分之三到五，印度所產的檀油，品質也較佳。

沈香

沈的英文名稱爲 Aloe wood，在東方稱作瓊脂，是由 Aguilaria agallocha 樹種產生病變，這種病變的結果，使樹脂瘤經由吸收沼澤中的水土精華而結成。

沈香木剛開始時還不能稱爲沈，必須埋藏在沼澤之中，經由浸蝕，木頭開始腐朽，經過很長的一段時間，木質部分因腐朽而去除，只剩下樹脂瘤，才叫做「沈」。

沈可以說是近乎化石狀況的一種東西，是吸收了整個大地的精華所產生的。其實它並不屬於原有樹木部分，而是這種樹種的病變部分所產生的新物質。沈的採集，十分危險，必須經過原始森林，穿越山崖而採集，大多要冒生命的危險才能採到。正由於沈的形成須經漫長歲月，再加上採集不易，因此沈自然十分珍貴價昂。

目前在印度、緬甸及柬埔寨、馬來半島、南中國、海南島、菲律賓、摩鹿加群島皆有產沈木。沈香木是一種綠喬木，樹高六、七十呎至一百呎，直徑五至八呎，葉片互生，呈長橢圓形，葉片長度爲三至四英吋，葉片表面呈革質，有光澤。

此種木材在一般的情況下並沒有香味，甚至由於木質軟而輕、呈灰白色而無用處。

只有樹齡二十年，或五、六十年以上，枝幹腐朽曲斜，在木心部分凝集了樹脂的木材，才是一般所說的沈香。原本土著只是從密林中撿拾，但是後來逐漸知道將樹砍傷的方法，讓樹腐朽而後收取殘留下來飽含樹脂的心材，做爲沈香用。

沈香其氣味香如蜜，所以又稱爲蜜香。古印度藥書中曾記載焚燒沈香，其薰煙可使身體染上香味，並可用來作爲治癒外傷及傷口的鎮痛劑。古代中國、印度及伊斯蘭教，都有教徒遠赴荒涼偏僻的產地尋找沈香木的記載。

在《中阿含經》卷第十五．三十喻經中，以國王及大臣身上所塗的木蜜、沈水等香，來比喻比丘以戒德爲香：「舍梨子！猶如王及大臣有塗身香、木蜜、沈水、栴檀、蘇后、雞舌、都梁。舍梨子！如是，比丘、比丘尼以戒德爲塗香。舍梨子！若比丘、比丘尼成就戒德爲塗香者，便能捨惡修習於善。」經中說，就像國王和大臣，以木蜜、沈水、栴檀等妙香塗身，比丘、比丘尼以清淨戒德爲塗香，如此就能捨離惡事，修學一切善法。

在《法華經》也說如果誠心持誦此經，能成就清淨鼻根，能聞三千大千世界上下內外種種花香，如須曼那花、闍提華、末利華香，及栴檀香、沈水香、又能了知種種眾生之香，如，象香、馬香、男香、女香等，甚至草木之香，不管遠近，都能清楚分別，無有錯亂。

沈香依沈木中油脂的含量，又可分爲三種：沈水、箋和黃熟。沈水又名水沈（水沈香），一塊沈香，屬於比較中間或實質的部分，其膏脂比較凝結的部分，投水即沈，就是沈水。而半浮半沈，就叫箋，不沈的就叫黃熟香。

沈香（水沈）有四種：熟結、生結、脫落和蟲漏。一塊沈香，裏面的脂是自然的凝結，自然腐朽出來的叫做熟結。而一棵樹用刀斧砍伐受過傷，這些膏脂因而凝結的，就叫生結，而脫落乃是因爲木頭自己腐朽之後而結的。蟲漏是因爲蠹蟲蛀食，其膏脂凝結而成的叫做蟲漏。

⦿沈的種類

在沈的種類上，沈又有所謂的光香、海南棧香、番沈、篯沈、黃熟香、速暫香、白眼香、水盤香、葉子香等等，這些或依產地、或依種類，而有不同。而生沈香有另外一個名稱叫蓬萊香。

由於沈的形成不易，十分稀少，所以有很多古代記載的沈，現在只留其名，已經找不到實物了。現代常用的有越南奇楠沈，可以說是目前最上等的沈香，但近年來也少有流通，再其次是惠安、泰國、印度及馬來西亞（青州）沈，還有柬埔寨（寮國）的沈。

印尼的沈水，因爲沼澤較腥的關係，聞起來多有腥味，不適合於煮水飲用。

馬來西亞的青州沈，點燃以後，在空氣中的滲透性較差，所以對環境的改變比較小。在記載上，有很多沈香形成各種人物或其他形狀，都很珍貴。如果用吹風機吹一下，沈油的味道和油就會散發出來，變得很光亮。

大塊的沈香叫水盤頭，雖不可入藥，但也很珍貴，可雕刻佛像。沈木雕刻佛像的過程中，充滿了很多未知的風險，因爲沈是經由腐朽而成，如果在雕刻時某個部位腐朽爛掉了，整個雕像就完全沒有價値了。而沈本身的物理特性也很特殊，因爲它凝結的地方很硬，腐朽的地方很脆，在用刀法時，非常困難，一不小心，整塊沈木的價値就一落千丈了。因此，能夠用沈雕成佛像，是很珍貴的。

沈木本身除了可以雕刻佛像以外，也多用來做成念珠等佛教器物，至於所雕剩下的木片或木屑，輾成粉碎，可以用來製香。沈香有很多不同的品級，因爲藥方的配料不同，如果沈加得多，價格就昂貴；如果沈加得少，就比較便宜。

沈木除了製香之外，也可以泡茶飲用，沈水茶對身體有很大的好處，有通經脈與安神的效用。就中藥藥效上來講，它是芳香健胃的驅氣藥；治氣逆喘，特別有效；對於閉尿症、神經性嘔吐、腹痛；還有精神抑鬱的胸悶、胃絞痛等都有效用；總之沈不但有鎭靜、鎭痛、收歛驅風的效果，而且對中樞神經的鎭定也有幫助。

沈香樹的內皮也可以用來作爲書寫用紙，如古印度婆羅門階級書寫經文曾用香皮紙。又安南等地的山地居民曾使用 A. Malaccensis 樹的香皮以代替紙張，這種習俗曾經傳入中國的嶺南道、廣、管、羅、辯等州。中國也曾有搗棧香樹皮作紙的記載。

牛頭旃檀

牛頭旃檀（梵名 **gośīrṣa-candana**），爲印度所產的香樹，又稱爲赤旃檀、牛首旃檀。

由於牛頭旃檀極爲珍貴，因此也有神奇的傳說。《慈恩傳》就說：樹類白楊，其質涼冷，蛇多附之。經中說牛頭旃檀產於摩羅耶山，如果以此塗身，假如入於火坑，則火不能燒。摩羅耶山是南印度山脈西南摩羅耶（**Malaya**）地方，以產旃檀而著名，所以旃檀又名摩羅耶產（**malaya-ja**）。

而「牛頭旃檀」的由來，則是因爲此處的山峰形狀似牛頭，所以出產的栴檀就稱爲牛頭旃檀。《華嚴經》說：「摩羅耶山，出旃檀香，名曰牛頭，若以塗身，設入火坑，火不能燒。」《翻譯名集》又引《正法念處經》說：「此洲有山，名曰高山，高山之峰，多有牛頭旃檀，若諸天與修羅戰時，爲刀所傷，以牛頭旃檀，塗之即愈。以此山峰狀如牛頭，於此峰中，生旃檀樹，故名牛頭。」傳說天人與阿修羅交戰時，如果有受傷者，以牛頭旃檀塗在傷處，就會痊癒。

在經論中，常以香味上妙的牛頭旃檀喻為無上菩提，而以具惡臭的伊蘭比喻眾生的無明煩惱。

根據《觀佛三昧海經》中記載，伊蘭與旃檀都生長在末羅山中，香妙無比的牛頭旃檀就生長在有惡臭的伊蘭叢中。

由於牛頭旃檀尚未長大時，乃埋藏在地下，芽莖枝葉就像竹簡一樣，所以人們都誤以為山中全都是伊蘭，沒有旃檀香樹。由於伊蘭樹極臭，臭味猶如死屍，遠薰四十由旬，它的花呈紅色，非常可愛；如果有人不愼食用伊蘭之花，則會發狂而死。

而牛頭旃檀雖然生長於伊蘭叢中，但由於未成熟，所以不能發香。到了仲秋月圓之時，牛頭旃檀終從地上長成旃檀樹，這時眾人都聞到牛頭旃檀上妙香氣，不再有伊蘭的惡臭氣味。

龍腦香

龍腦香（梵名 Karpūra），音譯為羯布羅、劫布羅，又稱作片腦，屬五種香之一。

龍腦香是從龍腦樹的樹幹中蒐集的天然白色結晶粒，龍腦樹（學名為 **Dryobalanops aromatica**），在古代只生長於自赤道至北緯五度的地區，產地

在婆羅洲北部、馬來半島、蘇門答臘。

龍腦樹生長於近海岸線排水良好的斜坡上。樹高大約五〇—六〇公尺，樹幹直徑三公尺，樹形呈圓錐狀，橢圓狀葉、白色花，其葉、花及果都有香氣。

龍腦香除了取自樹心的天然結晶顆粒之外，也常砍倒龍腦樹，收取樹心湧出的膠脂。剩餘的木材則加工，蒸餾出白色結晶。由於所取得部位及方法不同，而

有龍腦香、龍腦油及冰片之不同名稱。

龍腦香在漢代已經傳入中國。根據《貨殖列傳》的記載，在西漢已出現在廣州。南朝梁的文獻記載中曾說：「生西海律國，是彼律樹中脂也，如白膠狀。」

唐末《酉陽雜俎》卷十八說，龍腦香又名「固布婆律」：「其樹有肥有瘠，瘠者出龍腦香、肥者出婆律膏。香在木心中。波斯斷其樹，翦取之，其膏於樹端流出，斫樹作坎而承之。入藥用有別法。」文中說，固布婆律樹，有肥沃的，也有貧瘠的，肥沃的產出婆律膏，貧瘠的產出則稱爲龍腦香。在波斯常以翦斷樹枝的方法，來承取樹端的婆律膏。

在《新修本草》卷十三，也記載龍腦香的性狀：「龍腦香及膏香，味辛苦、微寒；一云溫平無毒。主心腹邪氣，風濕積聚，耳聾明目，去目赤膚翳。出婆律國。形似白松脂，作杉木氣，明淨者善。久經風日，或如雀屎者不可。云合糯米炭（一作粳米炭）、相思子儲之，則不耗。膏主耳聾。樹形似杉木。

言婆律膏是樹根中清脂，龍腦是樹根中乾脂。子似豆蔻、皮有錯甲、香似龍腦。味辛，尤下惡氣、消食、散脹滿，香人口。舊云出婆律國，藥以國爲名，即杉脂也。江南有杉木，未經試，或方土無脂，猶甘蕉無實。」文中說，龍腦香的味道辛苦，性質微寒，形狀似白松脂，有杉木氣味，明淨者爲佳，如果以糯米炭、相思子共同儲存，則不會損耗。文中又說，龍腦香的特性是清熱除臭，有消除體內積存食物的妙用，可入肝、膽、脾、胃經。

《酉陽雜俎》曾記載龍腦香入貢的情形：「天寶末，交趾貢龍腦，如蟬蠶形。波斯言：老龍腦樹節方有，禁中呼爲瑞龍腦。」

宋代有關龍腦的記載非常多，如《宋會要》〈職官四四提舉市舶司〉將龍腦分成九種品級：

熟腦、梅花腦、米腦、白蒼腦、油腦、赤蒼腦、腦泥、鱻速腦、木札腦。

龍腦香的製作方法，是將木片、鋸屑蒸發粹取腦分。在《圖經本草》中記載：「今海南龍腦，多用火逼成片。」這種「火逼成片」的方法，根據日本《東亞香料史研究》中的記載，是將取剩的龍腦木碎片、鋸屑，放入陶罐中，以蓋子密封，埋入熱灰中，於是在蓋內凝結一層腦分刮取即得。這種方式萃取的龍腦香，不及天然結晶的顏色潔白、香味優雅，其顏色焦褐，並有焦臭味。

在宋代，著名的供茶——福建北部的龍鳳團茶餅，也有摻入龍腦等香料。龍腦香屬樹脂類的香料，遇熱就能蒸薰出清烈的香味。所以經常用來混合別種香料，作成固狀的合香來燃點，或以單品的香粉灑在炙熱的炭灰上蒸薰出香味。

龍腦香的使用方法有塗身、食用及薰香的分別。龍腦因爲有清涼的作用，在南海諸國習俗，多以龍腦香混合他種香品如沈香、麝香等，於沐浴後塗在全身，當地的居民甚至以龍腦香爲食物，將龍腦、龍涎香混入檳榔的夾料中，是當地王侯貴族食用檳榔的重要香料。

降眞香

降眞香（學名 Dalbergia parviflora, Roxb.），產地在馬來半島、婆羅洲北部及蘇門答臘、中南半島柬埔寨、中國境內如廣東西部等地。其心材呈紫紅色，是薰香、藥用及染料的佳品。在宋代的《香錄》中，曾把降眞香區分爲番降、土降及廣降三種。

而《證類本草》卷十二中記載：「降眞香，出黔南。伴和諸雜香，燒煙直上天，召鶴得盤旋於上。」宋代洪芻所著《香譜》中曾說降眞香適合製成合香：「其香如蘇方木，然（燃）之初不甚香，得諸香和之則特美。」

元代《眞臘風土記》中記載：「降眞，生叢林中，番人頗費砍斫之勞。蓋此乃樹之心耳。其外白，木可厚八九寸，小者亦不可四五寸。」

《本草綱目》中也記載降眞香的生長樣態，文中稱爲紫藤：「紫藤葉細長，莖如竹根，極堅實。重重有皮、花白子黑，置酒中，歷二三十年亦不腐敗，其莖截置煙焰中，經時成紫香，可以降神。」

本草綱目中稱降眞香的紫藤，其葉面細長，莖如竹根一般，非常堅實，外覆皮一重重，花爲白色，子爲黑色，如果放在酒中，經過二、三十年也不會腐敗。

在宋代，降眞香是一般百姓所常用的香品，作爲藥用，有治療拆傷、金瘡，止血，定痛消腫，生肌等效用。

乳香

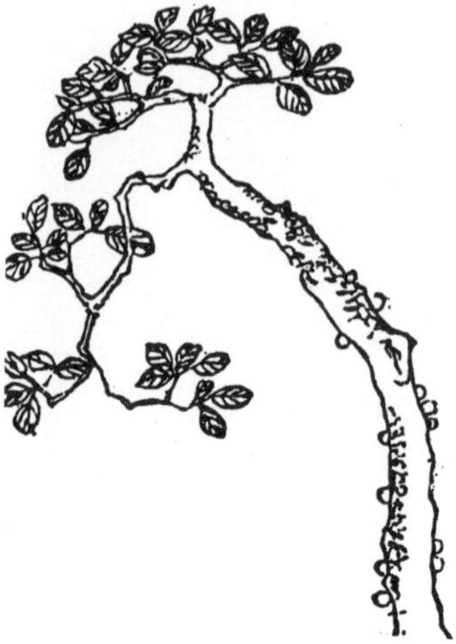

乳香，即薰陸香樹（梵名Kunduru），其形狀和香氣頗爲類似松脂，顏色略帶黃色，古來與安息、旃檀、龍腦、蘇合、多揭羅諸香等分和合，用作燒香供養。中國大約自三國時傳入此香，現在許多印度或伊朗人常燒此香，用來清淨室內空氣。在《翻譯名義集》卷三中稱乳香爲「杜嚕」：「杜嚕」，此云薰陸。南洲異物志云：狀如桃膠，西域記云，南印度阿吒釐國，薰陸香樹，葉似棠梨，亦出胡椒樹，樹葉若蜀椒也。南方草物壯日：出大秦國，樹生沙中，盛夏樹膠流沙上。」

薰陸香的樹葉爲羽狀複葉，花落，結小核果，呈三角形。其樹脂除供藥用外，也可製香，稱爲薰陸香（梵名kunduruka）因爲其脂汁滴如乳頭，所以也稱爲乳頭香、乳香。

乳香整株植物都具芳香性，所供給的乳香可以製成神香，用於廟宇中焚燒。乳香在古代與黃金及沒藥具同等價値，乳香是一種膠狀樹脂，從乳香樹中流出，乳香樹的複葉分裂成十對以上對生的鋸齒緣小葉。綠白色的花朵先端爲粉紅色，開放如星星狀，生長在卵形小葉的軸上。葉片覆有很多腺點，加以處理時，會釋出舒爽的樹脂氣味。小葉片、小枝條的乳香樹可將蒸散作用減到最低，也因此能生長在最光禿的土地上、岩石坡及峽谷中。

在《佛說一切如來烏瑟膩沙最勝總持經》卷一中說，以白花散於四方曼荼羅之上，並燃酥燈四盞安於壇城四隅，焚燒沈香、乳香，求淨水飲用，則能消除諸病，延壽百年，能解一切冤結，得妙音聲，獲得無礙辯才，生生常得宿命神通。

如果將前所加持淨水，灑於王宮及自舍宅，乃至牛馬等所住之處，則能速得去除羅刹龍蛇等災難，常得一切龍天衛護，遠離一切怖畏。如果有病苦時，可以水灑頂，永得消除一切重病。

在《大方廣菩薩藏文殊師利根本儀軌經》卷十六中說，如果以酥蜜酪和合粳米作護摩，可以降伏夜叉。如果降伏乾闥婆，則用乳香作護摩，降伏餓鬼用吉祥香作護摩。若緊那羅用娑哩惹囉娑香作護摩。如果是爲除一切各個種類的障礙災難，則以所用物八百作護摩，滿七日之後，障難即得除滅。

零陵香

零陵香是指生長於零陵山谷的薰草所製成的香，在《法苑珠林》中說，「零陵香，南越志曰：零陵香，土人謂爲鷰草、芸香，大戴禮夏小正月採芸爲廟菜，禮記月令曰：仲冬之月芸始生鄭玄曰芸香草也。說文曰：芸草似目蓿，淮南說：芸可以死而復生。」文中記載：零陵香，土人稱之爲「芸香」，又說其外型類似目蓿，有起死回生之效。

一般多認爲，零陵香即多揭羅香（tagara），多揭羅樹常用來製作薰香，以此樹所製成的香名多揭羅香。《金光明最勝王經》卷六〈四天王護國品〉中說：「應取諸香。所謂安息、栴檀、龍腦、蘇合、多揭羅、薰陸，皆須等分和合一處。手執香爐，燒香供養。」同書卷七更將此香列爲三十二味香藥的第十五味。

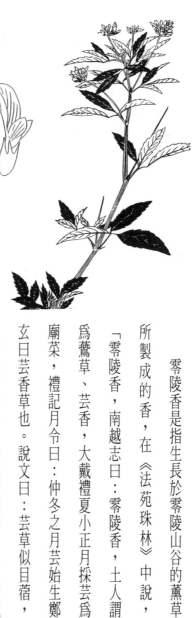

多揭羅樹莖高約六、七尺。樹枝呈分歧狀，葉長三至五寸，橢圓形，頂部尖銳，葉面有光澤，顏色濃綠。每葉開四至六朵純白色的花朵，非常芳香。每一個果實中藏有三至六顆種子。盛產於印度、亞洲熱帶地區、南美及澳洲等地。

在《吽迦陀野儀軌》卷一中，記載以多揭羅等妙香修法供養：「常燒妙香諸名香，所謂安息、旃檀、龍腦、蘇合、多揭羅、薰陸、松香等也，皆等也，皆等分和合，一所香爐等可燒，即又以眞言等，白線又五色線加持之可身繫。」經中說如果常燒以多揭羅等各種妙香，均等和合在香爐中焚燒，以以眞言加持白線及五色線，可繫於身上。

在《大吉義神咒經》卷四中說，應該用不同的香，供養不同的天龍八部等護世聖眾，其中以零陵香供伽羅龍王。

經中說：若有讀誦此經者，當常食乳淨自洗浴，著鮮潔衣，於一切人不生嫌心，於諸眾生當生慈心，於佛像前作諸天龍王像及餘鬼神，皆圖形像，以牛糞塗地作七重界，界場中央著諸華鬘。

燒百一種香，爲佛燒蘇合香，薩闍賴闍香與摩醯首羅天，咄迦香與梵天，遮迦香與魔王，多迦羅香與化樂天，阿具婁香與他化自在天，婆羅娑香與兜率陀天，修富婁香與焰摩天，牛王香與帝釋，膠香與四天王，零陵香與伽羅龍王，薰陸香與毘摩質多阿修羅王，那賴娑香與毘浮沙羅刹王，多利娑香與地神，甲香與地夜叉神，毘羅貳香與放逸天，那賴陀香與十方鬼神。

如是等燒百一種香，各各於彼天像前燒，誦此咒者右膝著地，一百八遍燒香於天前，各塗地作七處咒場。

此外，在此場上發大誓願；捨自己身與三世佛，有夜叉羅刹不信於佛，欲害咒者滅結界經，爲遮惡故應當捨身與佛，願諸如來憶念於我，當令咒者身如金剛，一切世間無能壞者。」

在《大威怒烏芻澀麼儀軌經》卷一中，也有以零陵香、天竺蘇合香末，和芥子油，投進火中一千八遍，而修法，可得眾人愛敬。

霍香

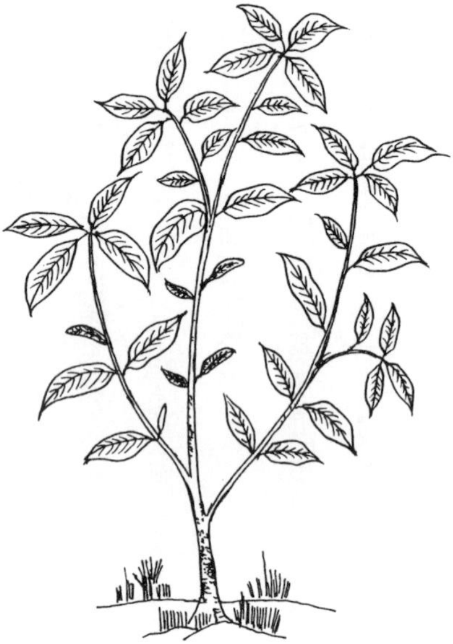

霍香，即多摩羅跋香樹（梵名 tamālapatra），其花色微黃，樹皮含有肉桂的香味，是發汗、健胃的良藥。

霍香的莖、葉可提取芳香油。地面部分可入藥，其性微溫，其味辛甘，其功能爲解暑、化濕、和胃、止嘔等，主治感受暑濕、頭痛發熱、胸悶腹脹、嘔吐、泄瀉等症。在藿香草中，最佳的藿香稱爲廣藿香，原產菲律賓，東南亞栽培較多，廣州、海南省和台灣省也有大量栽培。

在《南方草木狀》說，藿香出產於交趾、九眞、武平、興古諸國，民自種之，榛生，五、六月採集，曬乾即成芳香。

在《龍樹五明論》卷二中，有「服香方法」。論中說：「凡修行誦咒及以工巧聲刻漏聰耳徹以服香藥爲咒，咒曰：

菩陁少免婆多羅　烏摩種陀利　勒那勒那耽捍利　阿婆阿婆嗚嘶利　莎婆呵」

論中並教行者以：白眞髯香一斤、沈水香一斤、熏六香一斤、青木香一斤、雞舌香一斤、霍香一斤、零凌香一斤、甘松香一斤、穹窮香一斤、香附子一斤、百花香一斤、何梨勒一斤，於一淨室，淨臼中。各別擣下蒒和以蜜，封在器中勿令接觸空氣及太陽，斷五辛及雜味，沐浴後端坐持咒，即得眾人敬愛，鬼神營助，若需要時於靜處燒香，眾神自然來臨。如果有惡人被妖邪附著，以此香如彈丸並持咒百次，可使鬼邪散去。如果虛亭野室多有惡鬼出沒害人者，應以此香和蜜如彈丸，以火燒之。室中所有諸邪惡皆悉消滅。

在《大佛頂廣聚陀羅尼經》中，也有所謂的燒香方，其中說：「鉢多羅香（霍香是）、薰陸香、栴檀香（白檀是）咄瑟迦香（蘇合香是）、沈香（惡揭魯）、寠具羅（安悉香）、安膳香、薩若羅婆香（婆律膏是）、甲香、龍腦香、麝香、共矩麽（鬱金香是也）」，此十二味是一切香王。

都梁香

都梁香，在浴佛節灌沐頂時，爲浴佛之五色香水之一，其中都梁香爲青色水，鬱金香爲赤色水，丘際香爲白色水，取附子香爲黃色水，取安息香爲黑色水，在四月八日浴佛節的時候，以五色水來灌沐佛頂。

在《諸經要集》卷八中記載，四月八日浴佛時，當取三種香：一都梁香，二藿香，三艾香，合三種草香挼而漬之，此則青色水。

若香少者，可以紺黛秦皮權代之。又用鬱金香，手挼漬之於水中，挼之以，作赤水，以水清淨用灌像訖，以白練白綿拭之。」斷後自占更灌，名日清淨，其福第一也。

經中說明以都梁香作爲浴佛香水的方法，並說浴佛之後的水拿來灌沐自己的頭頂，能獲無量福德。

安息香

安息香是佛典中常提及的香料，梵名爲 **guggula**，音譯爲求求羅、掘具羅、窶具攞、求羅、局崛羅，又稱爲乾陀囉樹香。因爲當初是由安息國的商人傳到中國，所以稱爲安息香。安息香是指由安息香樹（**benzoin storax**）所產生的脂汁塊。

安息香樹的產地大多分布在蘇門答臘、爪哇地方，也產在暹羅、印度、波斯；樹幹丈餘，葉密、輪生、橢圓形、全緣，葉裡有綿毛，花梗亦爲白色的密毛所覆。結小型球狀的果實，並覆有密毛。樹汁有香味，可以用來製造焚燒用的香料。

安息香是香木的一種，樹葉呈卵形而尖，夏季開花，花爲赤色。此樹除了做香料外，也可以作爲袪痰藥用。

而《本草綱目》中說，此香是生長在南海波斯國的樹中脂，樹長二、三丈，皮黃黑色。《金光明最勝王經》卷七以之爲三十二香味之一。

安息香可長至十八英呎，約五．五公尺高，在第七年時，樹脂產量最高，而後的十二年間，每年約可生產三磅（一．五公斤）紅褐色的樹脂，因具有 **cinnamic acid** 而有樅樹的香味，可溶於酒精或加於香水中，以維持其氣味的長久。

中東的蘇合香（storax）是自穄樹的外層及內層樹皮，和安息香一樣的應用於香水之中。它是一種出現在岩石山坡地的小灌木，卵形的葉片，長約二英吋，約五公分左右，下表皮爲灰白色，白色的花朵開成短短的總狀花序，具有香味。

安息香樹出產於泰國、伊朗等地，安息，就是歷史上對伊朗地區的稱謂。安息香樹高達一丈左右，屬落葉喬木。由安息香樹之皮採集的脂汁就稱爲安息香。安息香除了作爲香料之外，也可以入藥。不過，據說一般的安息香只是把安息香樹搗爲碎粉，然後加混膠汁使其凝結成塊的香料。

安息香樹是佛經中著名的香料之一，《酉陽雜俎廣動植木篇》中說：「安息香樹，出波斯國，波斯呼爲辟邪樹，長三丈，皮色黃黑，葉有四角，經冬不凋，二月開花，黃色黃心微碧，不結實。刻其樹皮，其膠始飴，名安息香。六七月堅凝，乃取之燒之，通神明，辟眾惡。」文中說安息香樹產於波斯國，被稱爲僻邪樹，如果用硬物刻其樹皮，就會有脂狀的物質流出，如果取此物燒香，則能通神明，辟除眾惡。

或有說乾陀羅樹即是安息香樹。乾陀羅樹，佛經裡也稱作犍陀樹。如《寶樓閣經》中說：如果以乾陀羅樹香和白芥子油，則能降伏一切龍，注中說：乾陀羅樹香就是安息香也。

有的佛經把乾陀羅寫作爲犍陀、健陀。據《大日經疏》卷九說，健陀是一種香。乾陀羅或作犍陀羅，其義爲香遍、香潔、香風等。

在《晉書》卷九十五〈藝術傳．佛圖澄〉中，也記載佛圖澄焚安息香求水的故事：

從天竺來的高僧佛圖澄，少年學道，能妙通玄術，在永嘉四年，來到中國洛陽，自稱有百餘歲，常服氣自養生，能多日不食，善誦神咒，能役使鬼神。傳說他腹旁有一小孔，常以棉絮塞之，每到夜晚讀書，則拔出棉絮，孔中出現光明，照耀室中。又曾有人看見他平日在流水側，從腹旁的小孔中引出五藏六腑來清洗，洗完後再還內腹中。

佛圖澄來到中國之後，投於石勒門下。有一次，國內水源枯竭，石勒問他何以致水？佛圖澄說：「現今當敕龍前往取水。」於是就帶領弟子法首等數人，到舊的泉水源頭上，坐於繩床上，燒安息香，咒願數百次。如此過了三日，開始有水泫然微流，其中有一條小龍，身長約五六寸，隨水而來。不久之後水大至，隍塹皆滿溢。

蘇合香

蘇合香，又稱兜婁婆、都嚕婆、妒路婆、突婆、窣堵魯迦，意譯爲白茅香、茅香、香草。根據《大佛頂首楞嚴經》卷七記載，可以在壇前別安一小火爐，以兜樓婆香煎取香水以沐浴。又根據《大日經疏》卷七記載，妒路婆草是印度苜蓿香，與中國苜蓿香稍有不同。

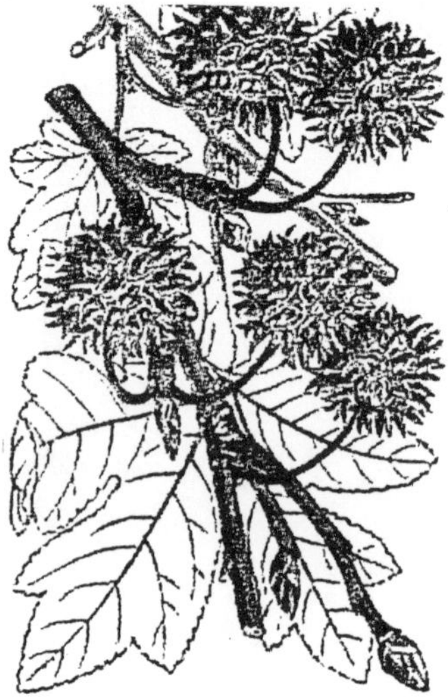

蘇合同時也是舞樂之名，略稱蘇合。乃新樂、盤涉調，屬大曲。舞者以蘇合藥草爲甲冑而作舞，故有此名。有說是陳後主所作，也有說爲中印度之樂曲。

根據《舞曲口傳》記載，阿育王患病，求蘇合之藥草，經過七日而得，病即得痊癒，他的大臣就以藥草爲甲冑而作舞，因此而有「蘇合」之舞。

香附子

在《金光明最勝王經》卷七中，有以三十二味香藥洗浴的方法，其中就有香附子。

在《如來方便善巧咒經》卷一中說：如果要受持一切咒，降伏諸怨敵者，則取懷香、草香、末香、尸利沙華多伽羅香、石上華恭居摩香、香附子、帝釋手草香。從樹枝出白汁者，取等分作末，和之持咒一千八遍。塗在身上即得如意。

在《根本說一切有部毘奈耶藥事》卷一中說，香附子爲五種香葉之一：「云何根藥?謂香附子、菖蒲、黃薑、生薑、白附子。」

而經中也記載合香之法：「沈香一兩，煎香一兩，薰陸香一兩，甘松香一兩，零陵香一兩，甲香一兩（十文已下），丁香一兩，白膠香眞（五文），雞舌香（十二文）青木香一兩，香附子（十文），白檀香一兩，擣羅取末，以蜜和之。」

茅香

茅香，又稱茅香根、茅根香，也稱作飲第篦、香菜。梵名爲優尸羅，又譯爲憂尸羅、嘔尸羅、烏尸羅、烏施囉、烏施藍，屬於禾本科，爲高約六十～一五〇公分的多年草，生於喜馬拉雅山麓，達及緬甸、印度、斯里蘭卡、非洲等地，生長於河岸或湖沼地等濕熱的地方。

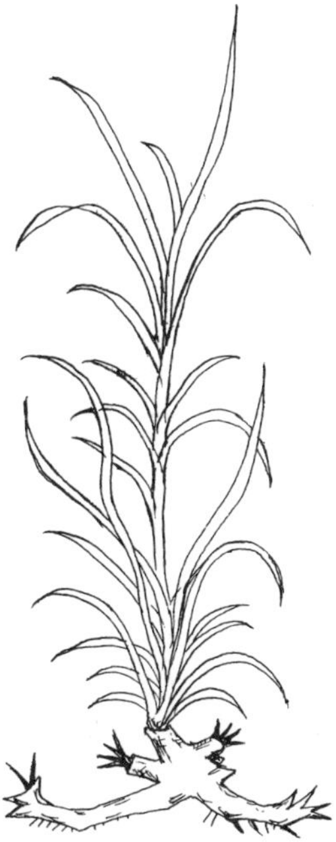

根據古印度的醫書《斯休魯塔本集》上記載，優尸羅是重要的治熱病之藥。印度詩人卡里達薩的著名戲曲「夏君塔拉公主」的劇情中就有以下的對白：

「普里揚維達，爲誰運來有烏希拉草（即優尸羅草）的香油和纖維的蓮？」

……

「因爲夏君塔拉公主中暑，患重病，是爲了冷卻公主的身體。」的台詞。優尸羅葉呈線形、頭尖，約長三十至六十公分，含硅質而剛直，根部有類似栴檀的芳香，蒸餾後可製成優尸羅油。

在印度，每到夏天的炎熱時期，家家戶戶常將優尸羅的根編成蓆狀吊在房子的門口或窗口，澆上水，藉蒸發發生冷卻的效果，或是以其粉末塗身，也有祛除苦熱得清涼的功效，優尸羅在藥用上對發炎或發燒都有效。自古以來，以南印度所產的優尸羅味道最好，被視爲佳品。

《蘇悉地羯囉經》卷二〈祈請品〉第二十一中記載：「又取烏施羅藥擣和作眞言形像，以弭烏里迦蟻土和作其器，滿盛牛乳，置像乳中，或用蘇乳蜜和置像。於中誦一百八遍，三時供養。如是供養，本尊歡喜，速得相現。」

在酷熱之時，經中以栴檀、烏施羅末及冰雪此三者同列爲對治酷暑的良方，可以使身體的樂受增長。《阿毘達磨順正理論》卷三十二中說：「謂於熱際，烈日逼身，雖用旃檀、烏施羅末及冰雪等而爲對治，便有增上身安樂生。」《金光明最勝王經》卷七〈大辯才天女品〉中，曾列舉三十二味香藥，優尸羅即爲其中之第二十四味。

優尸羅用來作爲冷藥的記載，在經典中也經常可見。

《正法念處經》卷二十三中說：「見比丘僧以扇布施，令得清涼如憂尸羅。」這是說在夏日佈施比丘扇子，使其獲得清涼，就如同在身上塗了憂尸羅一般。

茅香在古代常被用來做爲室內的薰香，以驅滅蚊蟲，消除穢氣，古人所說的薰草，主要指茅香。在《名醫別錄》中陶弘景描寫茅香的形態：「狀如茅而香者爲薰草，人家頗種之。」茅香可能就是禾本科的香茅草。馬王堆一號墓出土的木楬上有書「蔥（蕙）一笥」，就指出土物中的茅香一笥。在同墓出土的一件陶薰爐裡也裝滿茅香。除了單品之外，混合一種以上的馨香植物來焚燒的情形也經常出現。長沙馬王堆一號墓出土的另一件陶薰爐中，盛著高良薑、辛夷和茅香，混合在一起來薰燒。

鬱金

鬱金香以根部的香味而聞名。鬱金的根乾燥、磨粉之後，再加入芳香劑，可以製成爽身粉，常爲印度的婦女所使用。從薑黃中可獲得一種類似的芳香粉。

鬱金的花莖由寬大而呈針狀葉鞘的葉子所組成，有二英呎（六〇公分）長，內側則爲軟毛所覆蓋。不久之後穗狀花自葉鞘中昇起，像指頭般厚。六、七月時會露出黃及粉紅的管狀花，散發著和根部相同的芬芳香味。以蒸餾的方法，根部可生產百分之十三的精質油，常使用於香水中。

鬱金是印度常用的香用植物，產於北印度客什米爾、小亞細亞、地中海東岸等地，原產地是中南半島，根莖可以做咖哩飯或食品的染色劑，以及漢藥之用。

鬱金的根莖約有手指大小，呈黃褐色，有環狀的節。草高約一公尺，很像美人蕉，葉脈細而顯著。花有淺綠色的苞，多數重疊形成穗狀花序，從各苞長出黃色條紋的黃色花三～四朵。

鬱金香，音譯爲恭矩磨。草名，屬球根植物，可以作爲薰香，也可製成染料。《名義集》卷三中說：「恭矩磨，此云鬱金。周禮春官，鬱人採取以酒。說文云：鬱金草之華，遠方所貢芳物，鬱人合而釀之，以降神也。宗廟用之。」《最勝王經》卷七也說：「鬱金恭矩磨。」

據《大唐西域記》卷二中記載：「身塗諸香，所謂旃檀、鬱金也。」可知早在往昔，印度即常以鬱金爲塗香。即使在今天，由於鬱金確實有殺菌作用，爲了預防皮膚病，尤其爲了預防春天流行的疱瘡，印度人常把鬱金與栴檀葉磨成泥狀，塗在孩子們的身上。

《陀羅尼集經》卷九中也記載，眞言行者作壇時，塗壇所用的五種染料：白、黃、赤、青、黑五色的染料中也有鬱金。白色爲秔米粉，黃色爲鬱金末或黃土末，赤色爲沙末、赤土末等，青色爲青黛末、乾藍靛等，黑色則用墨末或炭末等。

而據《大日經疏》卷五中所記載，密教中修行者灌頂受三昧耶戒時，爲表示不退菩提心的誓願所飲用金剛水（誓水），其中也有調和鬱金、龍腦等香。又依《蘇悉地羯囉經》卷上〈分別燒香品〉記載，胎藏界三部所燒之香不同，佛部燃燒沈水香，金剛部燃燒白檀香，蓮華部燃燒鬱金香，但也可以一種香通於三部。

在《大佛頂廣聚陀羅尼經》卷五〈祕壇八肘大壇法品〉第十六的燒香方中則列舉共矩麼（鬱金香）、沈香、安膳香……等十二味是一切香王。

在密教的修法中，經常可以看見鬱金。如《金光明最勝王經》卷七以之爲三十二味藥之一，而浴佛節灌沐佛頂之五色水即有鬱金，通常取都梁香爲青色水，取鬱金香爲赤色水，取丘際香爲白色水，取附子香爲黃色水，取安息香爲黑色水，於四月八日浴佛之日，以五色水灌沐佛頂。

此外，密教作壇時，與五寶、五穀等共埋於地中的五香，或護摩法中的供品五香，也皆舉列有鬱金香。

合歡

合歡（學名 **Albizzia lebbek, Benth**），產於熱帶亞洲，又稱爲尸利沙樹（梵名 śirisa）。是產於印度的一種香木，樹膠可以製成香藥。

《金光明最勝王經》卷七將其列爲三十二味香藥之一，稱爲「尸利灑」。

《合部金光明經》中則註指尸利沙就是合歡。屬豆科落葉喬木，夏季開花爲淡紅色。樹皮可提煉爲膠汁，乾燥後可入藥，性平味甘，其功用安神、解鬱、活血、主治氣鬱胸悶、失眠、跌打損傷，肺痛等。合歡樹，也稱「馬纓花」樹，或稱爲綠氏樹。尸利沙樹乃闊葉合歡，高可達二十四公尺，莢果長約二十至三十公分。

又，據《增一阿含經》卷四十一等所載，此樹爲拘樓孫佛，即過去七佛中第四佛的道場。

甘松香

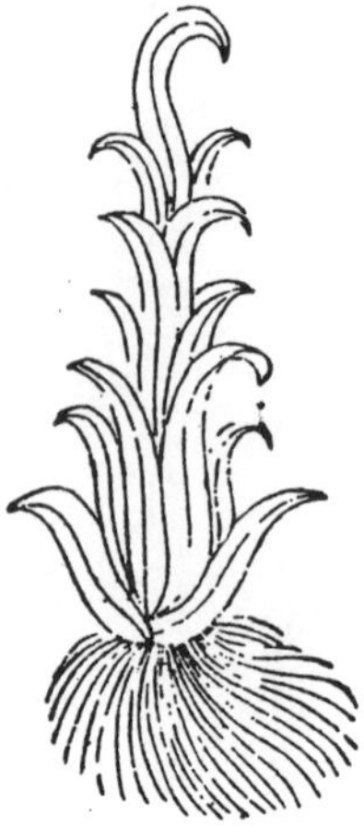

甘松香，根據《本草綱目》記載，甘松香產於川西松州，由於其味甘，所以稱爲甘松香。其根及莖乾燥之後，可以用來作爲藥用及香料之用，尤其是根部芳香的成份居多。

根據《蕤呬耶經》卷中〈請供養品〉所記載，於一般供養法中，應該以白檀香混合沈水香供養佛部，以尸利稗瑟多迦（室唎吠瑟吒迦）等諸樹汁香供養蓮華部，而以黑沈水、安悉香供養金剛部。

又以甘松香、白檀香、沈水香、龍腦香、蘇合香、薰陸香、尸利稗瑟多迦樹汁香、薩闍羅沙香、安悉香、娑羅枳香、烏尸羅香、摩勒迦香、香附子香、閼伽跢哩香、柏木香、天木香、地夜香等，與砂糖混合，可隨意取用，來供養諸尊。

《不空羂索神變眞言經》卷二十中也說，以不空王神通解脫心陀羅尼眞言，隨心承事供養曼拏羅三昧耶，以甘松香泥、白栴檀香泥，摩塗壇地，四面當心以純白栴檀香泥畫開蓮花，當心蓮花葉上，以鬱金香泥、白栴檀香泥相和，畫金剛杵印。

在《佛說金毘羅童子威德經》卷一中說，如果行者要入龍宮求寶，則可取白密、甘松香和藥燒，龍就會覺悟行者需要寶珠，自動奉上。

石鹽

石鹽，（梵名 saindhava）又作仙陀婆、先陀婆、先陀。在《翻譯名義集》卷三中說：「先陀婆，此云石鹽，其香似之，因以爲名。華嚴云：兜率天中有香，名先陀婆，於一生所繫菩薩座前，燒其一圓，興大香雲，遍覆法界。」

在《華嚴經》中說，先陀婆是兜率天上的香，於最後身菩薩的座前，燒一圓香，興起大法雲，遍覆法界。

而依據《南本大般涅槃經》卷九記載，如來密語深妙而難解；譬如諸臣之服侍大王，大王洗浴時若索先陀婆，智臣便奉上水；用食時索取先陀婆，智臣便奉上鹽；飲食索取先陀婆，智臣便奉器皿；遊玩時索求先陀婆，智臣便奉上馬。如此的聰智之臣，堪稱善解大王四種密語之意。由此可知，先陀婆，其實具有鹽、器、水、馬四種意義。而以「一名四實」來譬喻如來密語的甚深微妙難解。

《四分律》卷五九中也記載有五種鹽：「復有五種鹽。土鹽、灰鹽、赤鹽、石鹽、海鹽」。

在《大唐西域記》卷一一中記載，信度國國都周圍，唯有一座山。多出生赤鹽，色如赤石，白鹽、黑鹽及白石鹽等，常出口到異域遠方做爲藥用。

木槵子

木槵子，學名：Sapindus mukorssi, Gaertn.，產於中國及日本。

在《本草綱目》中列有「無患子條」，共舉出木槵子的七種別名，即：桓、林患子、噤婁、肥珠子、油珠子、菩提子、鬼見愁。

在《酉陽雜俎續集》中說，無患木焚燒時，味道極香，可僻除惡氣。

木槵子，又作木患子、無患子，梵名作阿唎瑟迦紫，在《千手合藥經》說：如果修行者要降伏大力凶猛的鬼神，只要砍取一根阿梨迦柴樹，以眞言加持二十一遍，然後供入火壇中，即可降伏鬼神而平安無事。

而崔豹《古今注》中也記載：從前有一個神巫叫寶眊，能以畫符念咒召集百鬼，再用無患子樹棒打殺。人們認爲這種樹爲眾鬼所懼，所以稱之爲無患子。木患子樹高七、八公尺，夏季會開黃色小花，開花之後結果實，外形圓潤，果皮堅硬；裏面有種子，顏色黑且堅硬，可以作爲念珠。

所以《木槵子經》中說：「若欲滅煩惱障、報障者，當貫木槵子一百八，以常自隨。」經中說如果要滅除煩惱，消滅煩惱障、報障的人，應當以木槵子穿成一百零八顆念珠，當隨身攜帶。

木槵子念珠是經典中最早關於念珠的記載，可以說是最早的念珠。在《木槵子經》中也以木患子作念珠以之爲信佛修行的輔助工具。

在《千手千眼觀自在菩薩廣大圓滿無礙大悲心陀羅尼經》卷一中也說，如果要降伏大力鬼神者，可取阿唎瑟迦柴，即木患子以咒語加持七七四十九遍，投入火中燒，還必須塗上酥酪蜜，並於大悲心千手千眼觀音像前作法。

丁香

丁香，又稱爲雞舌香，原產於南亞、東亞及馬達加斯加，引種於熱帶地區。

丁香具有光滑的灰色樹皮，葉片呈對生矛狀約六英吋（十五公分）長，覆有油脂腺，被壓時會釋出丁香的香氣。花朵呈深紫紅色，長於小枝頂端，成聚繖花序。但一般所見的是未開的花芽，乾燥後即成商用丁香。其花季自八月持續至十二月，最初花芽爲黃色，然後轉成粉紅色，最後變成紅色。自第六年可開始採收丁香。

在印度洋諸島上最適合丁香生長，自最早期始即輸出至世界各地，做爲烹調及製造香料之用，全世界每年的消耗量約有一千萬磅。

丁香乾燥後會變成深紅色或黑色。其中紅頭丁香是最好的等級，其它種的丁香，可生產出最佳的精油，是價值極高的殺菌劑。

在《蘇悉地羯囉經》卷下〈圓備成就品〉中，記載丁香及其合藥法，及佛、蓮華、金剛三部的眼藥眞言。眼藥是密教者爲除懈怠昏沈，於眼部所塗用之藥物。其材料中即有蘇嚕多、安膳那、澀砂蜜、龍腦香、華茇（華撥）、婆羅門桂，即丁香皮、得伽羅香粉末。

在《大佛頂如來密因修證了義菩薩萬行首楞嚴經》卷七中，也有以雞舌香等十種香和含磨爲粉塗壇城地的作法：經中阿難啓問如何修行建立道場及結界的清淨軌則。

佛陀告訴阿難，若末世人若發願建立道場，應先取雪山大力白牛，因爲此牛食其雪山肥膩香草，只食雪山清水，其糞便微細，可取此糞和合栴檀來塗其地。若不是雪山的牛糞，牛臭污穢不堪塗地。應該取平原地下五尺黃土，和上栴檀、沈水、蘇合、薰陸、鬱金、白膠、青木、零陵、甘松及雞舌香。以此十種細羅爲粉，合土成泥以塗場地，以及來清淨道場。

芥子

芥子（學名 **Brassica nigra, Koch.**），產地在非洲、亞洲，可以用來製作芥子油、鎮宅僻邪，也作香料之用。

《增廣本草綱目》卷第二十六中記載：「白芥子粗大，白色如白粱米，甚辛美，燒煙及服辟邪魅，入鎮宅方用。辛能入肺溫能發散，故有利氣豁痰、溫中開胃、散痛消腫、辟惡之功。」

芥子顏色有白、黃、赤、青、黑之分，體積微小，所以經常被用來比喻極小的東西，例如：「芥子容須彌，毛孔收刹海」就是於佛典中經常用來消融大小對立概念的譬喻。而「芥子投針鋒」則是比喻極難得之事，芥子與針蜂都是非常微小之物，如北本《涅槃經》卷二中說，佛陀出世的難得，猶如芥子投針蜂。

《金光明最勝王經》卷七中，將芥子與菖蒲、沈香等，共同列爲三十二味香藥之一。《大日經義釋》卷七中也說，由於芥子的性質辛辣異常，所以多用於降伏障難之修法。

芥子也是密法修持中常用的供品。在《蘇悉地羯囉經》備物品第二十六中記載，要成就一切眞言，應當先備辦各種雜物，其中就有白芥子、黑芥子。

在密教中，將白芥子放在火中燃燒，可以退除惡魔、煩惱，及加持祈禱。但是因爲白芥子不容易獲得，所以古來多用罌子粟、蔓菁子或普通芥子代替。

阿提目多花

阿提目多花（梵名：atimuktaka，學名：Gaertncra racemosa）其味道非常芳香，種子可提煉香油。在《翻譯名義集》中記載，阿提目多迦草形如大麻，有紅色的花和藍色的葉，種子能製油，也可以用來做香。又，說阿提目多迦植物又稱苣藤子，即胡麻，舊譯作善思夷花。

阿提目多也經常被用來串成花鬘，作為裝飾之用。阿提目多花常用來製作香油，用以塗面。

在《訶僧祇律》卷三十三中記載：

一位難陀優波難陀比丘，常常在聽到集合大眾用餐的揵椎響了之後，不但沒有立刻集合，反而以香油塗面，修飾儀容，以致於遲到，而被施主所譏嫌。

這樣的消息傳到佛陀耳中，佛陀查證之後，就制定戒律，今後，比丘不得以愛美的緣故，以香油塗面，例如胡麻油、大麻油、阿提目多伽華油、瞻婆花油，諸如此類的香油。但如果是洗澡必須用油，例如以澡豆屑末塗足油，著手拭臉則無過。

石蜜

石蜜是一種由甘蔗汁煎煮而成的糖塊，由於其堅硬如石塊，所以稱爲石蜜。在《蘇悉地羯囉經》卷上〈分別燒香品〉作五香之一。在《五分律》卷五中爲五種藥之一。《善見律》卷十七中說：「廣州土境，有黑石蜜者，是甘蔗糖，堅強如石，是名石蜜。伽尼者，此是蜜也。」

《正法念處經》卷三中，描寫石蜜：「如甘蔗汁，器中火煎，彼初離垢，多頗尼多。次第二煎，則漸微重，名曰巨呂。更第三煎，其色則白，名曰石蜜。」

《本草綱目》記載，石蜜，又稱乳糖、白雪糖，即白糖，出產於益州（四川）及西戎。用水、牛乳汁、米粉和沙糖煎煉成餅塊，黃白色而堅重。主治心腹熱脹，滋潤肺氣，助益五藏。

根據《四分比丘尼戒本》、《五分比丘尼戒本》、《摩訶僧祇比丘尼戒本》等記載，比丘尼之八戒，就是無病的比丘尼不得乞求如下八種食物：酥、油、蜜、黑石蜜、乳、酪、魚、肉等。

石蜜同時也是非時漿之一，是指比丘爲了療病，而於非時食之時間可以食用之漿類，如一切之豆、穀、麥等所煮成之汁，或如蘇油、蜜、石蜜、果漿等。

根據律藏大品所記載，在佛陀成道之初，有二位商人嘗於商旅歸途中，在佛陀成道地菩提伽耶，布施石蜜，供養釋尊，是釋尊最早的在家弟子。

據《四分律》卷四十二記載，佛陀聽許有病的比丘服用五種藥，即蘇、油、生蘇、蜜、石蜜等。

在《增壹阿含經》卷二十七中記載，有長者以石蜜香湯供養世尊。世尊以此香湯沐浴身體，病即時痊癒。五天之後長者便命終，獲得投生四天王天的果報。

在《百喻經》卷一中，有一個煮黑石蜜漿的比喻，往昔有愚人黑石蜜，有一天，一個富人來至其家，當時愚人心想：我應當取黑石蜜漿給此富人。」即著少水用置火中，然後在火上以扇扇之，希能使其冷卻，旁人看了就說：「你不把火熄掉，只是一直扇，怎麼會冷呢？」

佛陀以此來比喻外道不滅煩惱熾然之火，只是作種種苦行，以煩惱五熱炙身，而希望獲得清涼寂靜之道，終究無是處，是爲智者之所怪笑。

迷迭香

迷迭香（學名 **Rosemary**）是一種具有清香氣息的香花，如在溫暖的微風及熱太陽下都會釋出香氣。原產於南歐、北非、南亞、西亞，引種於暖溫帶地區。

迷迭香生長在荒野的乾燥沙質土壤中，通常在看得見大海的地方，其來自拉丁文 **rosmarinus** 的名稱，即海之露（**dew of the sea**）的意思。呈線形並無柄，下表皮爲灰白色，淡藍色的花朵腋生爲總狀花序，幾乎全年開放。

由於其精油儲存在葉片表面肉眼無法見到的盃狀細胞中，因此，莖幹及葉片用手觸碰時，會釋出芳香性的樹脂氣味。

在《法苑珠林》卷三十六中說：「迷迭香，魏略曰：大秦出迷迭。廣志曰：

迷跌出西海中。」迷迭香的香氣很清，由於迷迭香的莖幹砍下後，仍能長久保持翠綠，所以常被用爲葬禮中送葬者表示懷念的象徵，也用來做新娘的頭飾。

將迷迭香生長於地面上部份，放在麻布袋內，置於溫水浴中，則可以使水具有香氣而滋補身體。迷迭香地上部份的浸泡液冷卻後，可當做滋補劑，使呼吸香甜。迷迭香也可製成價值極高的頭髮潤絲精，如果按摩在頭皮上，則可防止頭髮掉落，並使其保持光亮，其精油也可用做頭髮再生劑。

豆蔻

豆蔻，是指豆蔻樹果實內部堅硬的內果皮，又稱內豆蔻，原產於南亞、東亞，引種於熱帶及溫帶地區。

豆蔻樹具有光滑的灰色樹皮，內含一種黃色汁液，與空氣接觸後，即變爲紅色。它會形成圓錐形樹冠，帶互生的橢圓形葉片，長約四英吋（十公分），前端尖銳，暗綠色，具芳香味道，且上表皮光滑。

其花小呈黃色，像鈴蘭一樣，覆有絨毛。果實爲外表光滑的圓形核果，裡面部分的堅硬內果皮即爲豆蔻，肉質的外層即爲假種皮，而所提供的香料則來自肉豆蔻。

豆蔻乾燥後會具有一種怡人的香氣，得到揮發性的精油，其中肉豆蔻素是香氣的主要活性成分。如果與檀香（sandalwood）及歐薄荷（lavender）混合，則可以用來製造沐浴香皂。核仁磨粉後鳶尾（orris）及其他成分混合，可以放在香囊中。

在《金剛頂瑜伽中略出念誦經》卷一中說，修法前口含白豆蔻，嚼龍腦香，能令口氣清香。在《蘇悉地羯囉經》卷一中，用來供養女使者天及獻明王的塗香中，都含有肉豆蔻。

在《觀世音菩薩如意摩尼陀羅尼經》卷一中說：「

爾時復說見者伏法無上成就：若纔用者，一切隨順肉豆蔻、白豆蔻、牛黃、白檀香、鬱金香、龍腦香、麝香、丁香、紅蓮花、青蓮花、金赤土等分。用石蜜和之，此爲轉輪香，誦咒一千八遍而和合，燒之以薰衣，塗於額上眼瞼、及身上，所至之處如大日威光眾人所樂見。」

經中說有所謂的「見者伏法無上成就」的修法，就是以肉豆蔻、白豆蔻、牛黃等，用石窟和合誦咒一千零八遍，焚燒之後水其蓮衣，塗在額頭、眼臉及身上，如此所到之處就如同大日威光一般，眾人尊見。

茉莉

茉莉花是經常可見的香花植物，潔白芬芳的花朵，令人賞心悅目。茉莉花是產於伊朗、喀什米爾及印度北部的土產植物，生長力極爲旺盛，可長出大量的小枝。其花朵爲白色，具有芳香，在枝頂長成優雅的散生。花期大約爲七月至十月，每天清晨可採取盛開的花，其香氣的萃取是將花埋在油脂中而抽出。

茉莉花又稱爲摩利迦的花，在經典中也常出現，就是指有芳香的素馨。

茉莉除了花朵可以製成芬芳潔白的花鬘之外，也常被用來製成香油或香水，而將花曬乾後混在茶葉裡的就是素馨茶（茉莉茶）。

在印度，從婦人的髮飾，到日常敬獻天神、佛陀的供花，以及在結婚典禮等喜事中，都是不可缺少的物品，因此，在印度的市場、街角花店及寺院，經常可見用線串成的茉莉花花鬘出售。

葳蕤

葳蕤芬芳的花朵，是香的好材料，其生長在開闊林地及生籬中，靠結在一起根莖似的根來生長。將挖取的新鮮根部搾汁後敷用於傷口，有速使癒合之故。

在《法苑珠林》卷三十六中記載：「蕤香，孫氏瑞應圖曰：葳蕤者，王禮備至，則生本一日，王者愛人命則生。一名葳香。」

由於其根部的圓形圖案很像海豹皮（seal），也像個六角星。使人認爲它們代表了索羅門王（King Solomon）的海豹。

葳蕤喜歡半遮蔭及陰涼多葉的土壤。其具有圓形而分歧的莖，互生的橢圓形葉片的暗綠色。綠白色的鐘形花朵長自葉腋，二至三朵往下懸垂著，於初夏時開放。

龍涎香

龍涎香（ambergris）是抹香鯨（學名爲 physeter macrocephalus）的分泌物，遇熱就會散發出異香，是調製合香中極佳的珍貴香料。

龍涎香的最主要用途在於調製合香，添加了龍涎香可以使香煙凝聚而不易飄散。在《本草綱目》中記載：龍涎

方藥鮮用，惟入諸香，云能收腦麝，數十年不散。又說焚之則翠煙浮空，出西南海洋中，人說是春天群龍所吐涎沫浮出，番人採得販售，每兩千錢。其中並記載龍涎香的形狀，也有大魚腹中剖得此香，其形狀初若脂膠，黃白色，乾則成塊，黃黑色，如百藥煎而膩理，久了則呈紫黑色如五靈脂而光澤，其形體輕飄似浮石而腥臊。

焚燒龍涎香用量極少，只要如一豆大的用量，就會有異香。其最大的特色是能聚煙。將它與其他的香品混合，燃燒時有助於「翠煙浮空，結而不散」。

而在《嶺外代答》卷七中記載：「龍涎於香，本無損益，但能聚煙耳。和香而用眞龍涎，焚之一銖，翠煙浮空，結而不散。座客可用一剪分煙縷，此其所以然者，蜃氣樓台之餘烈也。」

在這段記載中說明了龍涎香的最主要用途在於調製合香，添加了龍涎香可以使香煙凝聚而且不易飄散。

龍涎香最早傳入中國的時間，大約是初唐時期，唐高宗永徽二年（六五一），由阿拉伯貢入中國。

唐代詩人白居易在描述悟眞寺的景色詩句有：「泓澄最深處，浮出蛟龍涎。」一句，其中「蛟龍涎」就是龍涎香。

龍涎香在宋代常被用來做爲珍貴的貢品。在宋末元初陳敬的《香譜》中引葉庭珪《香錄》（一一五一年序）說：

龍涎出大食國，其龍多蟠伏於洋中之大石，臥而吐涎，涎浮水面，士人見林鳥翔集，眾魚游泳，爭啮之，則沒取焉。然龍涎本無香，其氣近於臊，白如百藥煎而膩理，黑者亞之，如靈脂而光澤，能發眾香，故多用之以和眾香。

在元代的《島夷光略》「龍涎嶼」中記載：「嶼方而平延袤荒海上，如雲塢之盤絕，無田產之利，每値天清氣和，風作浪湧，群龍遊戲出沒海濱，時吐涎沫其嶼之上，故以得名。

涎之色或黑於烏香，或類於浮石，聞之微有腥氣，然用之合諸香，則味尤清遠，雖茄藍木、梅花腦、檀麝、梔子花、沈速木、薔薇水，眾香必待而發之。此地前代無人居之，間有他番人，用完木鑿舟，駕使以拾之，轉鬻於他國，貨以金銀之屬博之。」在一個名爲「龍涎嶼」的小島上，經常會有鯨魚出沒，而且在小島的礁石上留下分泌物。當地的土人當撿拾這些龍涎香，轉賣到其他地方。

龍涎香的等級在《諸番志》同時代的《遊宦紀聞》曾記載：

龍出沒於海上，吐出涎沫，有三品：一日汎水、二日滲沙、三日魚食。汎水，輕浮水面。善水者伺龍出沒，隨而取之。滲沙，乃被濤浪、漂泊洲嶼，凝積多年風雨浸瑤，氣味盡滲於沙土中。魚食，乃因龍吐涎。魚競食之，復化作糞散於沙磧，其氣腥臊。惟汎水者可入香用。

其中龍涎香可以分爲汎水、滲沙、魚食等三種等級，其中「汎水」，也就是漂浮於海面上的龍涎香爲上品。

早在十一、二世紀時，宋代的海外朝貢品的項目中就有龍涎香。例如：天禧元年一〇一七自三佛齊得龍涎香一塊三十六斤。

熙寧四年一〇七一自大食勿巡國得龍涎香，同年從層檀國得白、黑龍涎香。

由於龍涎香的價格極爲昂貴，所以也常有贋品。在北宋時就有辨別龍涎香眞僞的方法。當時的商人說：「龍涎香如果浮於水則魚會集中，如果用來薰衣則香不竭。」

麝香

麝香（梵語 **kastūrī**，音譯迦薩吐羅），是公麝香鹿在發情時，於腹部香囊所分泌出的香素，以此來吸引異性。

在《金光明最勝王經》卷七〈大辯才天女品〉中記載，麝香爲三十二味香藥之一；其梵語爲 **mahā-bhā gā**（音譯莫迦婆伽）。

麝

《慧琳音義》卷十九中也說：「麝香，獸也，似麞而處深山險徑中。雄者，口有牙，臍中有香；雌者，無牙亦無香。」文中記載麝這種動物，類似麞而生長於深山險徑之中，雄的口中有長牙，臍中有香，雌的則口中沒有牙也沒有香。

佛陀並以麝香黃人來比喻與善知識親近久了之後，隨順染上良善的習性，能成就廣大善名，世尊並以偈頌來比喻這種情況：「若有手執沈水香及以藿香麝香等，須臾執持香自染，親附善友亦復然。」

在《一切如來大秘密王未曾有最上微妙大曼拏羅經》卷一中，用來供養最上曼拏羅的和香中，就含有麝香。

第五章 香的型態

隨著香的使用範圍漸漸增廣，爲了配合不同的場合、時間，以及創造出更多樣化的香味，香的型態也出現更多種類。

例如，從香粉、線香到盤香，使香可以持續燃燒的時間大大的增長，而在香味的變化上，從單一香料的使用，到後來合香的出現，調香技術的不斷改良、創新，創造出越來越多令人驚喜的香味。

在香的型態上，以立香與環香最爲常見，立香有粗細，其不同的規格，視使用者所需而製。細的立香爲家庭供香普遍使用，粗者則多用於寺院廟宇中，尤其以年節祭祀時爲常見。

環香亦有大小粗細之分。一般而言，環香越大者其香之製作亦越粗，或垂直吊起燃燒，或用香架支著置於香爐內，而直接於香爐中放平燃燒者，則是以小盤香爲主。大的香環可於寺廟或家族祠堂中常見，小的香環則多爲個人供養或修行使用，多置於一般的案頭之上。

其它香品尚有臥香、香塔、香粉等。一般而言臥香大多是比較高級的香，其中不含竹枝，直接放在香爐中燃燒，價格較高。香塔是製成錐狀的香，純粹用香粉製成，大多放在香爐中直接燃燒；香粉則是直接以香料燃燒，必須以香爐盛起，但較易熄滅，無法經常維持燃燒狀態，因此香篆常以模子壓香篆以持續燃燒。

自古以來，在印度等氣候酷熱的熱帶地區，由於人體易生體垢、惡臭，所以爲了消除體臭和污垢，就將當地盛產的香木製成香料，塗抹在身上，而產生了塗香；或是以香料焚燒，薰室內及衣服，稱爲燒香或薰香。

其中，塗香所使用的香料有香水、香油、香藥等；燒香所用的香料有丸香、散香、抹香、練香、線香等。

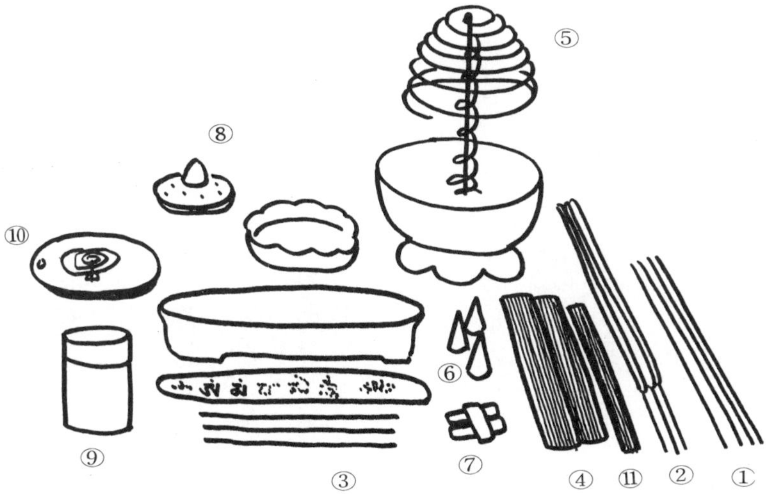

①帶竹籤直式立香
②帶竹籤直式粗線香
③臥香
④直式排香（禮香）
⑤掛香環
⑥香塔
⑦沈香木塊
⑧香篆
⑨香粉
⑩盤香
⑪細線香

各種香品的型態

塗香、燒香屬六種供養、十種供養之一。在密教之中，依三部、五部之區別，所用的香也有所不同。也就是佛部用沈香，金剛部用丁香，蓮華部用白檀香，寶部用龍腦香，羯磨部用薰陸香。

在以香供養佛菩薩的方法中，常見的是燒香、塗香、抹香，在《法華經》卷四中說，香、抹香、塗香、燒香等，爲十種供養中之數種供養。密教中也有閼伽水、塗香、華鬘、燒香、飯食、燈明等六種供養。

⊙燒香

在經典中經常可見以燒香供養的記載。燒香是指在諸佛、菩薩、祖師像前燃燒各種香，並不一定指特定的香品型態。

《大日經》卷八中記載，燒香是遍至法界之義，如天上的樹王開敷時，香氣隨逆風、順風而自然遍布，又如一一功德由智慧之火所焚，解脫風所吹，能普熏一切。

在《長阿含》卷二〈遊行經〉記載，居士爲如來起大堂舍，整治處所，並灑淨、燒香。《無量壽經》卷下也記載，行者當懸繒、燃燈，及散華、燒香，以此迴向，願生極樂世界。

《賢愚經》卷六中記載，富那奇與兄辦足供養，持香爐共登高樓，遙向祇洹精舍燒香，祈願歸命佛及聖僧，唯願佛陀明日能臨顧該國，開悟愚盲之眾生。嬝嬝香煙即知富那奇的心意，乘虛空往至世尊之頂，相結聚合成一香煙的天蓋，世尊果然於次日依其心願而受請。

燒香也是密教重要的供養，與閼伽、塗香、花鬘、燈明、飲食等合爲六種供養。於禪林中，稱燒香爲拈香，或炷香。在法會中持香盒者，稱爲燒香侍者。

在《蕤呬耶經》卷中〈請供養品〉記載，在一般供養法中，應該以白檀混合沈水香供養佛部，以尸利稗瑟多迦（室唎吠瑟吒迦）等諸樹汁香供養蓮華部，而以黑沈水、安悉香供養金剛部。又以白檀香、沈水香、龍腦香、蘇合香、薰陸香、尸利稗瑟多迦樹汁香、薩闍羅沙香、安悉香、娑羅枳香、烏尸羅香、摩勒迦香、香附子香、甘松香、閼伽路哩香、柏木香、天木香、地夜香等，與砂糖混合，稱爲普通和合，可以隨意取用，以供養諸尊。

在《蘇悉地羯囉經》卷上〈分別燒香品〉記載，因爲所修之法不同，而於燒香之種類也有所差異，如息災應焚擣丸香，修降伏法應焚塵末香，修增益法應焚作丸香。

而不空三藏之《佛頂尊勝陀羅尼念誦儀軌》中說，於息災法應焚沈水香，於增益法應焚白檀香，於降伏法應焚安悉香，於敬愛法應焚蘇合香。《金剛頂瑜伽千手千眼觀自在菩薩修行儀軌經》卷下及《金剛壽命陀羅尼經法》等也有上述之說法。

◎塗香

塗香，又作塗身香、塗妙香，是以香塗身，以消除臭氣或惱熱之義。印度人人爲了消除身上的臭氣，而利用旃檀等香擣成粉末，和水調之，用以塗在身上。但是在佛制中，規定比丘及沙彌等，不得塗香或戴著香花鬘，應以戒及禪定淨除其心之垢，以替代世俗人所用之塗香。

在《蘇悉地羯囉經》以塗香、華鬘、燒香、飯食、燈明爲供養本尊的五種供物。其中塗香代表清淨，象徵能清除菩提心中妄談戲論的染垢，能除滅生死煩惱。

由此義如果以塗香供養諸佛、菩薩，則能獲甚大功德，供養諸尊的塗香，依佛部、蓮華部、金剛部之別，而供以不同之塗香。供養時，應結塗香印、口誦眞言而供養之。

⊙和合香

和合香是指由各種香料調合所製成之香，尤其在密教供養中經常可見。俗稱爲五種香。據《蘇悉地經》卷上、《瞿醯壇路羅經》卷中等記載，用於塗香之香料及用於燒香之香料，兩類和合稱爲和合香；又和合香之中不得含攝有情之身分（肉身）、穢惡物或無香物等。

和種種香末爲一丸者，稱爲和合丸，常用以比喻一法中具有無量之佛法。據《首楞嚴三昧經》卷上記載，佛在王舍城耆闍山中，對堅意菩薩說法，謂菩薩住於首楞嚴三昧，世世自得六波羅蜜，念念常有六波羅蜜，而身皆是法、行皆是法，並以和合丸爲譬喻：如將百千種香料搗爲粉末，若有人欲索取其中一種，而不欲其餘香末共相薰雜，則爲不可能之事。猶如菩薩以一切波羅蜜薰習身心，能於念念中常生六波羅蜜。

另密法中的丸香，則是在修護摩法時，投入諸爐中，燒以供養。丸香是以丁香、白檀香、沈香、薰陸香等拌和而成，表示總集之煩惱，投入火中，表示以智火燒盡瞋煩惱。有時一日三時，一時三十六丸，合爲百八丸，表示百八煩惱，配以六度時，與散香合表精進之義。

中國宋代的合香中，也有製成丸狀者：在古圖「宋人貝經清課圖」中，畫面中繪侍者手捧香盒，拈香放入爐中。侍者站在石几側，羅漢手捧貝葉經，一手作拆線狀。

⊙散香

散香是指散碎之香，也就是不成丸粒狀之散碎之香。在密法中，相對於丸香象徵總集的煩惱，散香則以散碎來表示微細之煩惱，於行法時，投於火爐中，燒以供養。也有將切花、丸香、散香等三種供品，分別象徵三毒中之貪、瞋、癡。

此外，以敬香做爲供品也代表六度波羅蜜中精進波羅蜜之義。

⊙線香

線香是以香木之粉末加糊而成細長如線之香，可以長時間焚薰，又作仙香、長壽香。或單用線香，亦有於線香上加覆香末而共焚之者。據《增廣本草綱目》卷十四〈線香條〉載，線香之材料，多以白芷、川芎、獨活、柏木之類作末，以榆皮麵作糊和劑，以唧筩笮成線香。印度自古即有燒香之法，然《蘇悉地經》卷上塗香藥品及分別燒香品、卷下備物品等所列舉之諸種香中，未見有線香之名，至於中國，則起源於何時亦已不可考。

有關製作線香的材料和方法，李時珍在《本草綱目》卷十四中曾記載：「用其料加減不等，大抵多用白芷、芎藭、獨活、甘松、三奈、丁香、藿香、藁本、高良薑、角茴香、連翹、大黃、黃芩、柏木、兜婁香之類爲末，以榆皮麵作糊和劑，以唧筩笮成線香，成條如線也。」其中所說的主料是降眞香，再加減其他的材料。在《遵生八牋》「聚仙香」條中，記載以竹子爲心的「篦香」的相似製造法。

⊙抹香

抹香（梵 cūrṇa，藏 phye-ma），指呈粉末狀之香。又作末香、粖香。主要是供撒布於道場或塔廟等地。與燒香、塗香不同。如《法華經》〈提婆達多品〉中說：「悉以雜華末香（中略）供養七寶妙塔。」《勝天王般若波羅蜜經》卷五〈證勸品〉：「燒無價香，泥香塗之，末香以散。」另據《眞俗佛編》卷二引《大智度論》所言，乾香應燒，濕香應塗地，末香及華應散。又《大寶積經》卷六十二〈阿修羅王授記品〉列有旃檀末香、優鉢羅末香、沈水末香、多摩羅跋末香、阿修羅末香等。

⊙香湯

香湯是指有香氣之湯水，即調和諸種香而煎成之湯水。多用於洗淨身體。在

《太子瑞應本起經》卷上中說：「四天王接置金機上，以天香湯浴太子身。」

《浴佛功德經》中說：「若浴像時，應以牛頭旃檀、白檀、紫檀、沈水、薰陸、鬱金香、龍腦香、零陵、藿香等於淨石上，磨作香泥，用爲香水，置淨器中。於清淨處以好土作壇，或方或圓，隨時大小，上置浴床，中安佛像，灌以香湯，淨潔洗沐。」

古來每於四月八日佛誕生日時，以香湯灌佛像，即依據此上所說而來。又，通常禪宗所稱之香湯，乃用陳皮、茯苓、地骨皮、肉桂、當歸、枳殼、甘草等藥所煎煮而成，又稱七香湯。

第六章 佛教的香器

香器是指焚香用的器皿及用具，除了最常見的香爐之外，還有手爐、薰球、香囊、香盤，及在香粉的香篆、盛香的香盆，都是屬於香器的範疇。

這些豐富的香器種類，主要是爲了配合各種不同型態的香焚燒或蒸薰的方式而產生。除了實際上的用途之外，基於美觀及裝飾的考量，香爐的型制、爐身的造型、色彩，更是琳瑯滿目，配合嫋嫋香煙，及美好的香味，讓用香的情境達到極致。

焚香的器具大致可分爲下列幾種：

1.香爐：是指可燃點盤香、沈香木塊、丸香及香粉的圓形香爐。

2.臥香爐：專門焚燒橫式線香，即臥香所用之香爐。

3.香筒：長筒式香薰，爲直式線香所用。

4.立香香爐：是指專門焚燒有竹枝爲柱腳的立香所用的香爐，大多以金屬或石材爲爐身材質，用於祭禮時上香之用，避免香爐身溫度過高。

5.手爐：即一般所說的柄香爐，以焚燒香丸、沈香木塊爲主，方便上堂時以手持之。

6.薰球：爲鏤空圓球，內放香品焚燒，無論球如何轉動，球內香品皆能保持水平不會傾倒。

7.香囊：指將各種香料、香品置入囊中，放在身上散發香氣的香具。

不同的香料，以不同的方式來散發香氣，也會造成特別的效果。一般而言大致可以分爲燃燒、薰炙及自然散發等三種方式，而有不同的香器來配合使用。如，香草、沈香木及作成香丸。線香、盤香和香粉的合香，就必須以燃燒的方式，而龍腦之類的樹脂性香品，則必須用薰炙的方式；也就是將香品放在炙熱的

各種香器的類型

炭塊上薰烤。而調和成香油的香品，就用自然揮發的方式來散發香氣。此外，各式各樣香氣濃郁的香草、香花，也被裝入花熏、香囊之內，讓其自然散發香氣。混合數種香的香粉，也常用薄紙包裹，裝入香囊。

隨著香的使用越來越普遍，香器的樣式也不斷出奇翻新，從香器開始出現到現今，香器的演變，幾乎已經形成了獨特的藝術，讓人們無論是在用香或是供香時，在嗅覺及視覺的心靈意境上，都達到了美好的昇華。

中國歷代香器簡介

在佛教傳入中國用香的歷史非常悠久，而佛教傳入中國之後，同時大量引進各種重要的香料，及用香的觀念和方法，於是，香從生活中的附屬用品，一躍而成爲皇室貴族、文人雅士生活中的重要場景。

早在戰國時期，中國就已經有在室內薰香的習俗，焚燒的香料是以草本植物爲主。其實薰香源自古人薰煙以趨滅蚊蟲，並消除穢氣。

在《周禮》中記載：「翦氏掌除蠹物，以攻攻之，以莽草薰之，凡庶蠱之事。」古人燃香也可以說是清淨環境，中國在尚未產生專用的香器之前，先使用一般的銅炭爐來薰香。

中國人在室內焚香自戰國時代就已開始了，但是專門爲焚香而設計的香具，卻遲至漢代才出現。

中國香爐的形制始於戰國時期的銅爐，以後歷代出現各種式樣的香爐。材質有陶器、瓷器、銅器、鎏金銀器、掐絲琺瑯、畫琺瑯、竹木器及玉石等，種類豐富。

在春秋時期，已出現專供室內取暖的銅炭的「王子嬰次爐」。而這類銅炭爐後世仍然沿用。

漢代開始，產生了一種特殊的香爐——博山爐。博山，相傳是東方海上的仙山。博山爐蓋上雕鏤的山巒之形，山上有人物、動物等圖案。當香爐中飄出嫋嫋香煙，就宛如神山盤繞終年的雲霧。博山爐盛行於神仙之說流行的兩漢及魏晉時期。

在漢代，專爲焚香而設計的香薰已經出現，大量的薰香器從各地的漢墓出土，可以知道當時薰香習俗已經很普遍。漢代薰香的風氣，南方比北方更爲盛行。廣州地區四百餘座漢墓中，共出薰爐一一二件。

在漢代蔡質所著的《漢官儀》中，就有關於香的文獻記載：「女侍史絜被服，執香爐燒燻。」

在廣州、長沙等地的西漢早期墓葬中已經出土了不少豆形薰爐，而中原地區出現得稍晚。從這種出土不少專爲薰香而作的香薰看來，薰香的風氣是自南向北

漢代的香器

逐步推廣的，而許多高級香料也是從南海輸入中國。根據《史記》〈貨殖列傳〉的記載，西漢時龍腦香在廣州已非罕見之物。

漢通西域後，還從陸路自西方輸入蘇合香。《班固與弟超書》：「竇侍中令載雜綵七〇〇匹，白素三〇〇匹，欲以市月氏馬、蘇合香。」這是漢代以雜綵、白素等布料，要買月氏馬及蘇合香。《後漢書》「西傳傳」說大秦國「會合諸香，煎其汁以爲蘇合。」

漢朝時樂府詩中也說：「行胡從何方，列國持何來，氍毹、毾㲪、五木香、迷迭、艾蒳及都梁。」其中都梁香爲古代著名的香草。

漢代的香品中，有乾燥的草木植物、樹脂類的龍腦香、蘇合香。草本植物的茅香乾燥之後就是可燃物，爲了能充分燃燒，通常在爐身的底下會有通氣孔。有的設計爐身較淺，爐蓋隆起，而且在爐蓋上備有數層鏤孔。這類爐具的容積也較大。同時爲了容納自進氣孔落下的灰燼，通常也設有承盤。

龍腦及蘇合香等樹脂類香品，必須放在其他燃料上薰燒，因此這類爐身較深，以便置燒紅的炭塊，有時加銀箔或雲母片，再放上樹脂之類的香品，使其徐徐薰燒。出土的漢代香薰中就曾留有炭料、香料。

⊙兩晉南朝的香具

東晉南朝士大夫中，以香沐浴，以香薰衣的風俗開始盛行。薰衣的風俗在漢代就已經出現了，在河北滿城中山靖王劉勝墓中，發掘的「銅薰爐」和「提籠」就是用來薰衣的器具，湖南長沙的馬王堆一號墓出土的文物中，就有爲了薰香衣、被特製的薰籠。

兩晉南朝的香器

三國的荀彧好薰香，文獻中記載：「荀令至人家，坐幂三日，香氣不竭。」由於荀彧經常讓自己的衣服薰上濃郁的香味，所以當他到別人家中之後，他坐過之處往往留下香氣，經過三日還沒散去。在東晉時文人也以白旃檀的芬芳來比喻學養的淵博。

在兩晉南朝流行的香薰式樣之中，從三國吳到南朝晚期圓罐式及豆式有承盤的香爐式樣大略可分爲四期：

第一期：孫吳中期至西晉末年（公元二五四—三一六年）

第一期的香薰，造型簡單，整體爲罐形，侈口鼓腹、圈足，上腹鏤刻三排圓形鏤孔，沒有承柱和底盤。

第二期：東晉前期「東晉立國至穆帝升平以前」（公元三一七—三五七年）第二期的香薰，薰體爲短直口圓腹罐形，腹部有大三角形鏤孔，承柱亦爲上下小大的圓柱體，承盤則爲平底鉢形器。

第三期：東晉後期至南朝劉宋時期（公元三五七—四七九年）第三期的香薰，醬釉，罐形薰體，小口鼓腹，腹部滿布密集的長三角形鏤孔，圓柱形承柱，粗短而直，承座則爲寬沿盤形。

第四期：相當於南朝中晚期「齊、梁、陳」（公元四八〇—五八九年）第四期並未發現見香薰等器具。

⊙隋唐的香具

自東漢明帝佛教傳入中國之後，焚香禮懺在奉神明或祀天地祖的儀式中，幾乎經常可見。甚至，有在行道上以香鋪地，使香的需求量更大。在《文昌雜錄》卷三中記載：「唐宮中每有行幸，即以龍腦、鬱金布地。」

隋唐的香器

唐代的香具，也開始有新興的式樣。如：多足香薰、薰球、及長柄手爐，質地多爲金屬器或鎏金銀器。唐代流行有提鍊的金屬香球、香薰。唐代的多足帶蓋銅香薰十分獨特，也有附提鍊者。

唐代帝室曾多次迎送釋迦牟尼佛的眞身舍利，再送回法門寺。法門寺的文物中有鎏金銀香薰、鎏金銀香球，是爲皇室迎送舍利眞身所專門製造的。

⊙宋元明清的香器

宋人焚香，常同時使用香爐及香盒。這點從宋代繪畫取香的動作中，可

宋人貝經清課圖中，侍者正在添香

以看出來。添香者以食指、大拇指拈出香丸，放入堆滿白灰的爐具內。宋代也流行將香料壓成「香篆」，將粉末狀的香料模子壓出固定的形狀，然後點燃。

宋代曾大量進口香料，北宋時香藥是市舶司收入中最大宗的物品之一。眞臘、渤泥、蒲端、安南等地其地盛產乳香、龍腦及棧香，朝貢品中也以香藥爲主。部分的香品如乳香等列入禁榷物品，由政府專賣，民間不得私自交易。

宋代香藥輸入量雖大，但仍供不應求。宋人普遍用香，焚香用量大。祭祀慶典、官府的宴會、文武官考試及第後的同年宴、祝壽等場合，無不用香。

宋代的香器

宋人還有所謂的「試香」，於幽室焚香，有時在庭園內的「詩禪堂」試著燃點新製的合香，品評香的氣味、香霧的形狀和焚煙的久暫，是宋朝人生活情趣中重要的節目之一。

宋人對於合香的薰燒法特別講究，香品點燃之後，並不投入火中，香爐內舖厚厚的有保溫作用的爐灰，揀一小塊燒紅的炭塊埋於正中央，再薄薄地蓋一層灰只露出一點。用薄銀片隔火，香品放在薄銀片上薰烤，於是香氣自然舒發，沒有煙燥氣。講究一點的，炭塊就不只是用普通的木炭，而是精製的炭團。

此外，宋人也使用香篆。南宋杭州城的住宅區內的各種服務業中，就有專門爲人「供香印盤」的服務業，他們包下固定的「舖席人家」，每天去壓印香篆，按月收取香錢。

在宋代的香爐中，有許多特殊的造型，如現藏於芝加哥藝術館，宋影青鳥形香爐（十一——十二世紀），爐蓋有一隻似鴛鴦的水鳥蹲伏著，爐身貼了兩層蓮瓣紋，也有承盤。盤底有如意雲頭花式足。香爐就從鳥嘴逸出，爐身挖有小氣孔，而使香煙從上面的鳥嘴飄出。宋代另外流行一種豆形香爐，形如高足杯。

元、清、清流行成套的香器

到了元、明、清代，則流行成套的香具，例如元代流行「一爐兩瓶」的成套香具。明代十六世紀的繪畫中就已出現「爐、瓶、盒」。這種組合式香具乃是為了方便作為儲放香箸、香鏟之用。

明朝嘉靖官窯也有所謂的「五供」，五供是一爐、兩燭臺、兩花瓶的成套供器，使用於祭祀及太廟、寺觀等正式場合。明代盛行銅製香爐，這與宣德時期大量精製宣德銅爐有關。宣德年間，曾使用泰國進貢的數萬斤銅料，鑄製三千三百餘件的「宣德爐」。明晚期民間大量製作銅香爐，設計精良。銅香爐的盛行與當時盛行燃燒各種品級的沈香木塊有關。

香器的類型

⊙香爐

香爐是最常見的燃香薰物器皿，其主要目的不只使香燃後的灰燼能有固定收集的場所，也爲供養與祭祀的過程增添了無限靈性美感。

在香爐製作的原料上，大約有陶磁、石頭、金屬等類。

陶瓷製的香爐，一般而言，由於土的塑性極強，所以造形特多變化，多以圓形爲主；或雕鏤花紋，或塑蓮花襯爲底座等，適於使用立香、盤香、香粉。也有陶瓷製臥香爐，造形與色澤變化較少。

此外也有石製香爐，在製作上比陶瓷製的香爐費功夫，由於其雕刻必須一體成形，否則一處刻壞之後，就有可能前功盡棄。而在石材的選擇上，則有大理石、瑪瑙石等。

香爐與花瓶、燭臺一齊供養於佛前，稱爲三具足之一，其材質多爲金屬、鍮

香爐的造型非常豐富

石、磁、陶、紫檀等，形狀多樣化，大約而言可以分爲四類：

1.置於桌上的置香爐，如博山形、火舍形、金山寺形、蛸足形、鼎形、三足形、香印盤形等。

2.持於手上的炳香爐，如蓮華形、獅子鎭形、鵲尾形等。

3.坐禪時所用的釣香爐。

4.灌頂時，受者跨越而以淨身之象爐。

古時，於佛前行禮拜供養之時，手擎香爐；後世的柄香爐，就是承襲此遺風而來。在新疆地方所發現的佛教遺蹟，其中壁畫，可推定爲唐朝佛畫，圖中也有手持香爐，長跪禮拜者。而此香爐下部，附有稍高之臺座。

此外，火舍也是香爐之一種，爲密教用具之一，後世並列爲佛前四具足之一。

焚香的材料和方式原與爐具的設計息息相關。自明朝晚期到清代，流行使用銅香爐，爐壁厚實不懼熱焰，而且造型變化多端，有竹節、松幹、古銅器及獅象等造型。所使用的香品爲沈香木塊。木塊直接在燭火上引燃，然後插在爐內的爐灰中。爐灰的成分是燒過的香，灰其作用爲保溫和透氣。

其他材質的香爐，也有爐底放置隔熱砂如石英砂之類，作用是防熱，以免爐壁過熱而炸裂。而銅香爐，尤其是厚胎的銅香爐，則較少過熱炸裂的顧慮，可以不斷地添插點燃的沈香木塊。現今所見的銅香爐，大多用來點直立的線香，在眾人祈福祝禱，香火鼎盛的場面，銅香爐是較爲安全的，而一般居家與書齋所用多爲小香爐，一般的銅製香爐，大多作爲大型祭祀之用。

⊙博山爐

漢代由於受到神仙方士思想的影響，出現了博山爐，晉代出現了青瓷薰爐，是室內薰香除穢的器具。博山爐的爐蓋裝飾著神山、異獸、珍禽和仙人，代表漢代流行神仙思想。

這類博山爐爐頂多半站立了一隻鳳凰。博山爐中有的設計奇特，例如有設計成一騎異獸的胡人，手托著博山爐爐身，人與獸成爲基座，爐身的蓋面爲仙山、四靈獸「青龍、白虎、玄武、朱雀」和其他異獸及仙人等。爐中的香煙就從鏤空

博山爐具有濃厚的神仙色彩

的孔洞飄逸出來。博山爐的蓋面上，一般都有山峰禽獸和神仙故事。

像這種在爐蓋上裝飾連綿的山巒，異獸與仙人點綴其中的博山爐，逐漸設計成熟、定型，爐蓋飾以仙山、飛鳥等，具有濃厚的神仙思想。

隋唐時代的博山爐，和晉代又有不同。

例如雲崗第二洞的樓閣式浮圖，七、八、九、十洞的龕楣，飛檐、博山爐，做爲裝飾花紋的蟠龍、饕餮、朱雀、白虎等等。在第十洞有北魏時期所雕的飛天，四天飛天捧一博山爐，爐式爲有山巒起伏的蓋子、高足豆式的器身，器身兩側有S形耳。

⊙手爐

手爐是行者以手持之長柄香爐，用以供佛的香爐。

在《法苑珠林》中，有記載天人黃瓊說迦葉佛香爐：「略云：前有十六師子白象，於二獸頭上別起蓮華臺以爲爐，後有師子蹲踞，頂上有九龍繞承金華，華內有金臺寶子盛香，佛說法時常執此爐，此觀今世手爐之製，小有倣法焉。」

在湖南長沙赤峰山二號唐墓曾出土一件銅香爐，底座作覆蓮形，中有小柱與香斗通，杜柄柄頭有一鎏金小獸。出土時香爐中滿儲香料餘燼，爲供佛之用。

同墓隨葬品中還有一件銅香薰，球形爐身，爐蓋呈圓錐狀，底座爲喇叭形。出土時已殘破。同樣式的手爐在各處唐墓也曾出現，這說明了手爐在唐代相當流行。雖然唐代的焚香器中還有博山爐、香球及香薰，但是在佛窟壁畫中所出現的焚香器以手爐和博山爐爲主。

敦煌莫高窟壁畫中，常可見到供養人像手持手爐的景象。例如大英博物館的收藏中，就有敦煌之唐代設色絹本引路菩薩圖，圖中菩薩即手持銅手爐。

在古畫中也可以看到不少的羅漢畫及禮佛圖之中手持手爐方式。我們可以看出長柄的手爐與香盒搭配使用，而且所用的香品呈顆粒狀或小丸狀。也就是常被稱爲香丸的丸狀的合香或是呈小塊的龍腦。

在《清嘉錄》卷八有「燒斗香」條中說：「香肆，以線香作斗，納香作斗，納香屑於中，僧俗咸買之，焚於月下，謂之燒斗香。」

尤崧鎭斗香詩云：拈將香線勻兼細，長短編成斗樣同；祇合靈檀和木屑，豈宜旨酒薦瓊宮，佳人撤帳腰頻折，處士占星柄自空，吳俗中秋傳韻事，滿庭馥杜桂正臨風。」

⊙薰球

香器中有另一種造型特殊的薰球，非常特別。薰球的出現，始於唐代武則天到玄宗時期（公元六八四—七五五），大致流行於陝西西安地區。這種薰球多呈圓球狀，有長鏈，球體鏤空，並分成上下兩半，上下兩半球體以鉚接的葉片狀卡榫連接。球體內有小杯，以承軸懸掛於中央，小杯可隨時保持水平。因此無論薰球如何轉動，小杯始終保持水平，而杯內正在焚燒的香品則能隨時保持平衡，不致於傾倒。

薰球又名香毬，可以放在被中薰香，而香煙不會熄滅，明田藝蘅《留青日札》卷二十二「香毬」條中說：「今鍍金香毬，如渾天儀然，其中三層關，輕重適均，圓轉不已，置之被中，而火不復滅，其外花卉玲瓏，而篆煙四出。」正倉院所藏唐代薰球即是被中香爐。

宋代的皇家儀隊就有執香球者。根據文獻記載，淳熙十三年，太上皇八十大

薰球

壽，孝宗至德壽宮問安，文武百官服朝服隨行，除了法駕五百三十四人之外，另有大樂四十八人，架樂正樂工一百八十八人，還有儀仗鼓吹。儀仗有二人各執一香球。香雲自香球中逸出。而宋代婦女乘車出行時，也有丫鬟手持香球，貴婦袖中自持小香球，於是車過駕經之處香煙如雲，塵土皆香。

甚至南宋杭城人迎親的隊伍也有用到香毬，即薰球。首先由男家選定時辰，令「行郎」各持花瓶、香球、花燭，沙羅洗漱、妝合、照臺、裙箱、衣匣、百結、清涼傘、交椅及花轎（花檐子）、鼓吹等，前往女家迎娶。

⊙香囊

將各種香料、香品置入囊中，可以放在身上，隨身攜帶，散發香氣的香具。

香囊適合隨身佩載

佩帶用的香囊在宋代記載中處處可見。南宋於端午佳節，后妃諸閤、大璫近侍獲賜翠葉、五色葵榴、金絲翠扇、眞珠百索、釵符、經筒、香囊、軟香龍涎佩帶，及紫練、白葛、紅蕉之類。道宮法院多送佩帶符篆。一般市民在家門口「各設大盆，雜植艾蒲葵花，上掛五色紙袋，排飣果粽。雖至貧者亦然。」六月六日顯應觀崔府君誕辰，熱鬧的廟會也有「關撲」，即擲錢賭勝而贏得獎品或彩金獎品有香囊、畫扇、珠珮等。

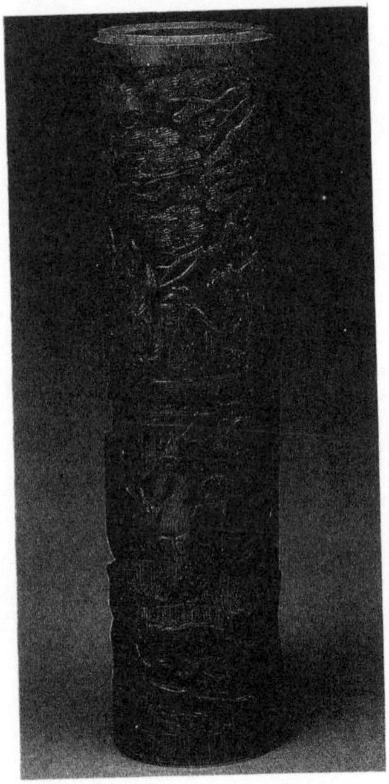

香筒是專為直立式線香設計的香器

⊙香筒

香筒是一種燃點直式線香的香具，又稱爲「香籠」，以便與插香的小筒有所分別。明清兩代所流行的香筒，其造型爲長直筒，上有平頂蓋，下有扁平的承座，外壁飾鏤空花樣。通常在筒內有一枚小插管，這樣就很容易插穩線香。這種線香是不含竹木籤心的。

明清時代的香筒，其質材有竹、玉及象牙。故宮展出的明清香筒有明雕竹人物香筒、明白玉龍鳳鏤空香筒、清象牙雕梅雀香筒及作爲插香用的清青花小香筒。在江西南城明益定王朱由木墓中也曾發現一件鏤空蟠螭玉香筒。明益定王墓中的玉香筒，質地爲白，玉圓筒外壁鏤空梅花、螭紋，蓋面鏤刻盤螭。

⊙香篆

一般的香粉，爲了便於香粉燃點，合香粉末可以用模子壓印成固定字型或花樣，然後點然，循序燃盡，這種方式稱之爲「香篆」。印香篆的模子稱爲「香篆模」，多以木頭製成。《百川學海》「香譜」條中說：「鏤木之爲範，香爲篆文。」這是說香篆模子是用木頭雕成，香粉被壓印成有形有款的花紋。

香篆使香粉易於燃燒

古時禪寺中常燒香篆以測知時間。也有燒香篆以修密法者，在《觀自在菩薩大悲智印周遍法界利益眾生薰眞如法》，並有將香印作成種子字、紇利字之香印，並將香爐觀想為法界，紇利字妙香印代表大悲拔苦，當香印依次焚燒時，則顯現眞實之理，當燒盡時，則代表萬法歸空之理。以此觀法修持者，能獲觀世安穩、無有障礙之福報，如同微妙蓮花一般衆人愛敬。

香篆又稱香印，在焚香用香爐內舖上一層砂，將乾燥的香粉壓印成篆文形狀，字形或圖形綿延不斷，一端點燃後循線燃盡。由於取用的香是呈鬆散的粉狀，點燃之前才以模造成綿延不斷的圖形，而且移動模子時很容易碰壞圖形，因此使用時並不方便。

在宋人的筆記中有印香的記載。「印香」很可能就是壓印香篆。《夢粱錄》卷十三，「諸色雜貨」條云：「且如供香印盤者，各管定舖席人家，每日印香而去，遇月支請香錢而已。」可見北宋末有雇請專人印香焚香的習俗。

為了使香粉的使用更為順利，宋人又製香餅，有作成心字形的「心字香」香餅、環形及指形的「冰環玉指」香餅。宋人李居仁「天香詞」中有「幾度試拈心字」的句子，說明心字香餅是可用手指拈起的，類似現代使用的盤香。

香盒及香盤

◎香盒

香盒是指盛香之容器。又作香筥、香合、香函、香箱。通常爲木製加漆，亦有陶製與金屬製。常見的形狀爲扁平圓形。香筥有大香筥、小香筥之別。原來是供佛的法器之一，後世則用於茶席等之用，其造形也和以往不同。

除了香盒之外，還有香盤也經常可見。香盤是指焚香之盤，又作香臺、常香盤。以木或金屬作成之方形臺，盤中盛香作梵字形，常點火焚之。

此外，元、明、清時，流行成套的香具，大多爲「爐、瓶、盒」的組合，即香爐配上香盒，而瓶則是爲了放置在香粉的香罐及持香的香箸用的。

這種種豐富多姿的香具，讓用香成爲更美好的享受！

第七章 與香有關的人物與故事

由於香所象徵的美好意含，在佛教中不但以香爲重要的供養，也用香來代表諸佛清淨法身，或是以香來修持、說法。

本章所介紹的，就是與香有關的人物及故事，其中有以香爲名號的佛菩薩故事，也有善修香三昧的善知識，以及由於供香而得到福報的故事。以下分別介紹之。

師子香菩薩

據《悲華經》中記載，師子菩薩往昔在寶藏如來住世時，曾爲無諍念轉輪聖王的第七王子名善臂。當時善臂王子與父王及其餘王兄王弟，受到大臣寶海梵志的勸發，因此一一在寶藏如來前發願，願成就無上正等正覺。

當時善臂王子，即在佛前發願，如果其所有菩提勝願都能圓滿，願令十方如微塵般無量無數的諸佛世界，都雨下憂陀羅婆羅香、栴檀香、牛頭旃檀香、種種末香；如果有眾生在在處處聞到這香，都能發起無上正等正覺的心。而自身也能得證金剛願三昧，以三昧力的緣故，都能遙見一切世界所雨下的種種香。

也因此，寶藏如來爲善臂王子更名爲師子香。又授記師子香菩薩將於青香光明無垢世界圓滿成佛，號光明無垢堅香豐王如來。而依善臂王子當時所發的願，在此世界所有微妙的香，悉遍傳於十方如微塵般多無量無數等諸佛世界。

香手菩薩

在《悲華經》卷五中記載著香手菩薩往昔發心的因緣。

香手菩薩過去生在刪提嵐世界時曾爲轉輪聖王無諍念王的第十王子名爲軟心，當時有寶藏如來住世。軟心王子在大臣寶海梵志的勸發下，與父親及其他諸位王子共同發心，在寶藏如來前各發菩提勝願，寶藏如來也爲他們授記。

當時軟心王子即在寶藏如來前發願，其發心除與第九王子阿閦菩薩無異外，並特別在佛前祈願，如果所發願成就，得己利者，願使一切眾生悉得思惟諸佛境界，手中自然生出栴檀香、優陀婆羅香，且以此手中自然散發的種種香來供養諸佛。

緣於軟心王子所發的勝願，願眾生手中自然發出香氣的緣故，寶藏如來因此替王子取名爲「香手」。並授記香手菩薩在未來世過一恆河沙等阿僧祇劫，在進入第二恆河沙等阿僧祇劫，阿閦如來般涅槃後，正法滅盡過去七日後，香手菩薩將成證無上正等正覺，佛世界名妙樂，佛名金華如來。

香手菩薩聽了寶藏如來的授記，又稟白如來：「世尊，如果我的誓願能夠圓滿成就，當我禮敬佛陀時，此閻浮園周圍，當雨下種種薝蔔華。」說完，香手菩薩即五體投地禮敬寶藏如來，立時園中果眞雨下薝蔔華。

金剛香菩薩

金剛香，梵名 **Vajra-dh ūpā**，爲密教金剛界三十七尊中，外四供養之一。位居金剛界曼荼羅外院方壇東南隅。又稱金剛燒香菩薩、金剛焚香菩薩。密號無礙金剛、速疾金剛、端嚴金剛。

此尊爲毗盧遮那佛於內心證得金剛焚香雲海三摩地的智慧，由於自受用的緣故，從金剛焚香雲海三摩地的智慧中，流出金剛焚香，光明遍照十方世界，供養一切如來，破除一切眾生臭穢煩惱，獲得適悅無礙智慧之香，還來收爲一體。爲了使一切菩薩受用三摩地智慧的緣故，化成金剛燒香侍女菩薩形，安住東南角金剛寶樓閣。

由於金剛燒香菩薩加持的緣故，能證得如來悅意無礙智香。

此尊之種子、形像等，於金剛界曼荼羅各會中皆不同，於成身會，種子爲（aḥ），係遠離煩惱之義；三昧耶形爲寶香爐；形像爲黑色天女形，兩手持香爐；眞言爲「唵　跋折羅杜鞞　婀」。於三昧耶會，三昧耶形爲蓮上之燒香

器，眞言爲「 囉訶邏 」。於微細會，形像爲跪坐之姿勢，兩手持蓮形之有柄香爐。於供養會，兩手持蓮，蓮上有香爐；眞言爲「唵 薩 怛他 多 度波布惹 咩伽 三母捺 薩發囉拏 三摩曳 吽」。

金剛香菩薩

香象菩薩

香象菩薩

梵名 Gandha-hastin。音譯作乾陀訶提菩薩、乾陀呵晝菩薩、健陀訶娑底菩薩。又作香惠菩薩、赤色菩薩、不可息菩薩。是位於密教金剛界曼荼羅之外院方壇，南方四尊中之第一位菩薩。香代表遍滿無礙之義；象代表行足大力之義。香象即諸行果地圓滿之意。

其尊形，身呈白肉色，坐蓮華上，右拳在心前，手上持蓮，蓮上有香器，左拳置於腰上。此菩薩經常出現於大乘經典，如小品《般若波羅蜜經》卷九、《無量壽經》卷上、《阿彌陀經》等。

香音神王的故事

《菩薩處胎經》〈香音神品〉第三十一中，記載了以香氣爲食的香音神王及其眷屬發心的因緣：「往昔我在人間作香音神王時，有一閻浮提、二閻浮提乃至無數恆河沙閻浮提的男女眷屬，皆以香氣爲食，衣服、被飾也都用香熏染。或是投生在北方鬱單日土，或是拘耶尼、弗于逮等土，不論投生在何處，都是作香音王，壽命或長達一劫、或二劫或三劫，甚至無數阿僧祇劫。

然而在這樣久長的壽命裡，雖然知道世間有佛、有法、有比丘僧，卻心常遠離而不親近。爲什麼呢？那是因爲我心常貪著於五欲之樂，並以善香爲樂，在善香中聽不見其他的音聲；日日夜夜只聽聞五欲中的歌詠戲樂，不知厭離知足。」

有一天，有往昔修習善根的善知識，從地中踊出，現半人身來問香音王：「此處有何樂？爲何貪著於此？這並非眞實清淨的行處，離除這些香薰，才可得到究竟安穩之處。這香幻化不實，徒爲災障。現今佛正住於世間，你應前去聽受佛陀的教導，才能得到眞實遍滿十方的清淨之香。」

香音王聽了善知識的教誨，心中生起極大的歡喜。踊出地神又以偈教示香音神王，在南方界閻浮提有佛住世，當前去隨學歸依。香音神王聽了心開意解，即向地神懺悔前過。這時地神即從地踊出，示現佛陀具足三十二相的金色身，放大光明，並在與會大眾沒有察覺的狀況下，以神足力接香音神王至胎中。

佛陀告訴會中大眾：「我從無數阿僧祇劫以來，能示現大身或現小身，出入微細之處也無障礙；或在天上教化，或在人中代眾生受苦，或在畜牲、餓鬼、地獄等三惡道教化濟度，分身教化，無處不在。」當時香音神王及七十二億眷屬，聽聞佛陀的教化，立即發起無上正等正覺的心，安住在不退轉的境地。

善財五十三參鬻香長者

在《華嚴經》〈入法界品〉第三十九之八中記載善財童子參訪一位名爲優缽羅華的賣香長者，賣香長者爲其宣說調和種種薰香法門的經過。

當時善財童子在遍行外道的指示下，來到廣大國，拜見優缽羅華賣香長者。

善財頂禮了長者的雙足，圍遶長者無量圈之後，合掌站立。對長者說：

聖者啊！我已經發起無上正等正覺心。所以，我想求取諸佛的平等智慧，想滿足諸佛的無量大願；想清淨諸佛的最上色身；想面見諸佛的清淨法身；想知道諸佛的廣大智身；想清淨治理所有菩薩的種種德行；想照明所有菩薩的三昧；想安住所有菩薩的總持；想除滅所有的障礙；想遊行十方世界。但卻不知道菩薩應如何修學菩薩行、修習菩薩道，才能出生一切的智慧？

賣香長者聽了善財的祈請，就告訴他：「

善哉！善哉！善男子啊！你能發起無上正等正覺心，眞是太稀有了！

善男子啊！我善於分別了知種種的香，也知道調配各種香的方法。

就是所謂的：一切薰香、一切燒香、一切塗香、一切末香。也知道一切香王出生的地方，又非常清楚天香、龍香、夜叉香、乾闥婆、阿脩羅、迦樓羅、緊那羅、摩睺羅伽、人非人等的各種香。

我也清楚知道治病的香、斷除諸惡的香、生歡喜的香、增加煩惱的香、滅除煩惱的香、會使人樂著有爲法的香、會使人厭離有爲法的香、能使人捨棄一切驕傲放逸的香、發心念佛香、證解法門香、聖者受用的香、一切菩薩的差別香、一切菩薩的地位香。

如此等等香的形相、生起的地方，如何出現成就，怎樣使人清淨安穩，及它們造成的方便境界及威德業用，及以根本等等，我都完全通達了解。」

賣香長者又告訴善財：人間有種名爲「象藏」的香，這是因爲龍族互相爭鬥而產生的。如果有人一焚燒這種象藏香丸，虛空就會生起大香雲，彌漫覆蓋整個王都，在七日中降下細香雨。如果有人一沾到這香雨，身體就會變成金色；如果衣服、宮殿、樓閣沾到，也會變成金色。如果微風將這香雨吹入宮中，凡是嗅到的眾生，七日七夜都會歡喜不已，身心快樂。還能除去各種疾病，人人都不相侵害，並且遠離各種憂苦，不驚慌、不恐怖、不散亂、不嗔恚。都慈心相向，志意清淨，這時賣香長者知道之後，就會爲他們說法，使他們都能決定發起無上正等正覺之心。

又海中有種名爲「無能勝」的香。如果有人能拿它塗抹大鼓及各種螺貝，那麼這些東西一發出聲音的時候，所有的敵軍都自動退散。

而在阿那婆達多池邊，出產一種名爲「蓮華藏」的沉水香，這種香丸如芝麻般大。如果有人薰燒這種香，香氣就會普遍熏滿整個閻浮提界，凡是聞到的眾生，都會遠離所有的罪惡，戒品清淨。

雪山有種名爲「阿盧那」的香。凡是嗅到這種香的眾生，都能發起決定的心意，遠離各種染著。然後我就能爲他們說法，使他們都能證得到離垢三昧的境界。

羅刹界中有種名爲「海藏」的香，這種香是轉輪聖王專用的，他只要薰燒一個香丸，轉輪聖王及他的四軍就都會飛騰虛空。

善法天中有種名爲「淨莊嚴」的香，只要有人一燒這個香丸，諸天就都會一齊念佛。

須夜摩天有種名爲「淨藏」的香，只要有人一燒這個香丸，夜摩天眾沒有不雲集天王面前，共同聽聞佛法的。

兜率天中有種名爲「先陀婆」的香，如果有人能在一生所繫即將成佛的最後身菩薩寶座前，薰燒這個香丸，虛空就會興起大香雲，遍布覆蓋法界，普遍雨下種種的供養器具，供養所有的諸佛菩薩。

善變化天有種名爲「奪意」的香，如果有人一燒這個香丸，七日內就會普遍雨下種種的莊嚴器具。

最後，賣香的長者告訴善財：「我只知道這種調和薰香的法門，如果是像諸大菩薩遠離種種過惡的習氣；不染著世間欲樂；永遠斷絕煩惱眾魔的羂索；超越各種存有的生趣；能以智慧香莊嚴自身，不染著所有的世間；具足成就無所著的戒律；清淨無著的智慧；普遍修行無著的境界；不執著任何地方、心念平等，既無執著也無所依的種種功德行，根本不是我能夠了知、宣說的。更何況是示現菩薩所有的清淨戒門，示現他無過失的作業，或分辨他永遠斷離染著的身、語、意行？」

於是他又介紹善財向南去，有一座樓閣城，參訪一位名爲婆施羅的船師，並請問他應如何修學菩薩行，修習菩薩道。

用香的戒律

《摩訶僧祇律》中記載有佛陀制戒不許出家眾用香屑的原委：

往昔佛住世時，有一在家居士與外道的弟子，辯論誰的老師比較少欲知足，後來雙方就約定，以五百錢作賭注，用香屑來試探雙方的老師，看看誰比較少欲知足，不會貪染愛著。

這時，外道弟子就偷偷派人先去告訴外道師自己與在家居士賭約的事，並請外道師待會兒若見弟子送香屑來，千萬不可接受。然後外道弟子才拿著香屑，到自己老師的住處，假意請求外道師說：「請老師以哀愍我的原故，接受這香屑的供養。」

外道師也照弟子先前的囑咐，拒絕收下香屑，說：「我是出家人，又不是王子大臣，那裡用得到這香屑呢？」

見到外道師不收香屑，於是，就輪到在家居士，拿著香屑前往祇洹精舍，同樣說：「請諸位老師以哀愍的原故，接受這香屑的供養。」由於居士很老實，不曾像外道弟子先洩漏賭約的事給自己的老師知道，所以毫不知情的比丘們，就擊打揵椎召集比丘眾共來分香屑。有的比丘雖不親來，也有弟子前來爲其迎分。因此，「我爲我的老師及自己來分迎香屑！」等大聲競相求分香屑的話語，一時此起彼落。

佛弟子覺得十分慚愧，只好默默無言來到佛陀前，禮敬佛陀後，向佛陀稟告事情經過，並解釋他不是因爲輸了五百賭金而難過，而是因爲外道竟然得勝而覺得慚愧。在佛陀爲他開示教法後，居士歡喜離去。

以此因緣，佛陀便前往眾比丘所，以上事告訴眾比丘，並制戒從此比丘眾不可用香屑。

爾後，有一日，佛陀住在王舍城時，見到比丘患了癬，需以香屑末洗浴才能康復，便開許比丘若有病需以香屑療病時，即可以香屑末爲藥塗抹洗浴傷處，不算犯戒。

口出異香的法師

《大莊嚴論經》卷十中記載，有法師因讚歎佛陀的功德，而口中常出妙香：

遠在迦葉佛住世的時代，當時有一位法師為大眾說法，並於大眾中，讚歎迦葉佛，以此因緣命終後得生天上，在人天中常受快樂果報。並在釋迦牟尼佛般涅槃後百年的阿育王時代，做大法師、證阿羅漢果，具三足明六通八解脫，常有微妙的香氣從口中散發出來。

一日，此大法師，在距離阿育王不遠的地方，為大眾說法。阿育王聞到法師口中所散發的香氣，不禁心生疑惑地想著：「那位比丘口中到底含著什麼上妙的香，以致於能散發這麼微妙的香氣。」

因此，阿育王就請比丘把口張開，比丘依言將口張開，但見比丘口中並沒有含藏任何東西；於是阿育王又請比丘漱口，比丘也依言漱了口，但香氣猶然存在。

不明所以的比丘，終於忍不住問阿育王為何一會兒要求他張口，一會兒又要求他漱口?阿育王這才將心中的疑惑對比丘明說，請比丘爲他解說爲什麼口中能散發香氣的原因。

比丘聽了阿育王的請求，就微笑地告訴阿育王：「此香既不是沈水香，也不是任何花、葉、莖或栴檀木等所散發出來的香氣，而是由於往昔讚歎迦葉如來的功德，而獲得如此的香氣，自那時候起直至現今，香味都與初發散時無異，且晝夜恒常都有香氣散發，不曾斷絕過。」

以旃檀香塗治佛塔的功德

在《百緣經》中記載有一長者以旃檀香塗治佛塔的功德，而得生生世世身口皆散發香氣最後並値佛證果的故事：

往昔佛陀住世的時候，在迦毘羅衛城中有一位長者，非常富有，家中有無量無數不可計的財寶。這位長者生有一男孩，容貌端正，世間少有；身上的毛孔，會發出旃檀香，從口中發出優鉢華的香味。長者見了十分歡喜，因此爲男孩取名爲「旃檀香」。旃檀香長大後從佛陀出家，證得阿羅漢果。

有比丘見到旃檀香的生平，就請問佛陀旃檀香往昔曾種何種福德，以致今世不但能生於富豪的家族中，身上口中皆發出香味，還能遇到世尊出家證聖果。

佛陀告訴比丘：「在過去九十一劫時，毘婆尸佛入涅槃後，當時有王名盤頭末帝，收取毘婆尸佛的舍利，並起造四寶塔，塔高一由旬，來供養佛陀舍利。一日有一長者進入佛塔，見到佛塔的地破落，就和泥塗平，再以旃檀香坌散在上面，並發了善願然後離去。緣於此功德，從那時起至今九十一劫以來，不墮入惡道，不論投生在天上或人中，身口常散發香氣，受用福報快樂，乃至於今世能值遇佛陀出家得道。」

第八章 香的相關語彙

本章蒐羅香的相關語彙，從這些語彙的意義及典故，我們可以窺見香在佛教中更廣泛的意含與運用。

【一色一香無非中道】

這是表達中道實相之理，遍佈於一色一香等一切微細之物中。意思是：一色一香雖然是微細之物，但也有體性也是空的，合於中道實相。天台宗以空、假、中等三觀觀照一切諸法後，所顯現之悟境，就是此境界。

【一瓣香】

一瓣香又稱「一炷香」，是一片或一拈之香，爲焚香敬禮之意。瓣是瓜瓣的意思，形容香的形狀就像瓜瓣一樣，所以稱爲一瓣香。瓣也是片之意，香呈片狀，所以稱爲一瓣香。在禪林中，每逢尊宿升堂說法，燒至第三炷香時，就要稱念：「此一瓣香，敬獻於授我道法之某法師」。此外，也有用「心香一瓣」一詞，來比喻於誠摯的心意，就如同焚香拜香一般。

【七香湯】

七香湯是指以陳皮、茯苓、地骨皮、肉桂、當歸、枳殼、甘草等七種香藥煎沸而成的湯汁。中國民間很早就有在早晨飲七香湯的風俗，律宗稱爲「甘露湯」，禪宗也有此湯在佛誕日浴佛，煎七香湯給大眾飲用。

【上香】

上香在佛教中是指於佛菩薩本尊前奉香供養。而一般在典禮祭祀中也有上香的儀式。

【心香】

是指相對於有形的香之心香，這是比喻若心中精誠，就如同以心香供佛，與焚香供佛無異，所以稱爲心香。所以一般，對於心所景仰者，也常用「一瓣心香」來表示敬仰之意。

【代香】

代香是指代替他人燒香或上香，而代爲燒香或上香之人也稱爲「代香」。

【加持香水】

在密教中修法時，經常加持香水來灌灑，又稱爲灑淨、灑水。加持香水的意含，是因爲香代表遍至之德，乃表示「理」；水則有洗滌清淨的作用，乃代表「智」，所以香、水和合，就代表理智不二，甘露之平等性智。

【行香】

行香是指施主設齋食供僧時，先以香分配給大眾，而行燒香繞塔禮拜的儀式。在《賢愚經》卷七、《大比丘三千威儀》卷上等記載，行香時，僧眾須站立受香。在中國，這種儀式則始於晉代道安，到了唐宋，則成朝廷禮儀之一種。

在行香時，受香者必須唱偈：「戒定慧解知見香，遍十方界常芬馥，願此香煙亦如是，無量無邊作香事。」並唱頌行香梵。

此外，禪宗住持在朝、暮二時，燒香巡庫堂、東司、山門、浴室、僧堂等，這種燒香巡堂，也稱爲行香。

【告香】

告香是指學者插香以奉請禪師普說或開示的儀式，而對大眾預報告香儀式所懸掛的木牌，就是稱爲告香。

【拈香】

拈香也稱爲捻香，是在諸佛菩薩及祖師像前燒香、上香。開堂之日，拈香祝天子政躬康泰，稱爲祝聖拈香；初任住持或初次開堂說法時，爲自己之本師拈香，來表明傳承及感念師恩，稱爲「嗣法拈香」。爲諸佛菩薩、檀越（施主、信徒）等拈香，再宣說法語，稱爲「拈香佛事」。

【信香】

信香是指香爲信心之使，所以稱爲信香。在《大宋僧史略》卷中：「經中長者請佛，宿夜登樓，手秉香鑪，以達信心，明日食時，佛即來至，故知香爲信心之使也。」這是指《賢愚經》中，富那奇手持香爐，焚香以傳達迎請佛陀受供心意的故事。

【敕使拈香】

古代著名的大寺院住持，都是由皇帝敕命，決定住持人選，而在晉山（進山）之日，會有皇帝所遣的敕使蒞臨，寺院就爲敕使拈香，以感謝其蒞臨，稱爲敕使拈香。

【染香人】

是譬喻念佛之人，染上如來之功德，就像賣香的人，不知不覺就染上香的香味，功德盈滿身心，所以稱爲「染香人」。

【香入】

香入是十二入之一，即眼、耳、鼻、舌、身、意六根，加上色聲、香、味、觸、法等六塵。又稱十二處。香入又稱作香處，就是嗅於鼻之總稱。

【香寸】

這是以香的長度作爲計量時間的單位。在古代，叢林中每每將線香切成一寸

（約三公分）或二寸長，作爲測量坐禪時間的標準。

【香木】

香木是古代禪宗生活所用之器物，就是在出廁洗手之後，去除臭氣之木。香木以香材造成，懸在竹竿之端，使用者以兩手摩擦使手清淨，一般削成八角形，作用類似現今的香皀。

【香水】

香水是指含有香氣之淨水，由各種香混合而成，常用於身體的灌沐或一切器物的灑淨。如《方廣大莊嚴經》卷三中就記載佛陀出生時，天人以香水爲其沐浴之事：「梵釋諸天等，在於虛空中，以手捧香水，灌灑於菩薩。龍王下二水，冷煖極調和，諸天以香水，洗浴於菩薩。」

在密法中，香水象徵智德，在修法過程中有加持香水的作法，就是以所加持的香水奉灌身體，或散道場，或灑諸物，用來灑淨。而香水所調之香則依修法種類的不同而有分別。

【香水偈】

香水偈是指布薩時，以香水洗手時所唱的偈頌。偈頌如下：「八功德水淨諸塵，灌掌去垢心無染；執持禁戒無闕犯，一切眾生亦如是。」當唱至最末偈時，同時以右手持瓶，瀉於左手，洗淨兩手，再以乾淨的毛巾擦手。

【香火】

香火原來是指燒香與燃燈之火，後來引申爲寺廟中專司香火的執事者。在《續高僧傳》卷一中說：「香火梵音，禮拜唱導。」因此一般稱寺廟的信徒眾多，即以「香火鼎盛」來形容。

【香火因緣】

古人在結盟發誓的時後，大多會設香火以昭告神明，中國的佛教沿用了這個典故，所以如果彼此契合，則稱爲「香火因緣」。

【香司】

香司是禪林中司掌時間的職稱。古代以固定的香盤燒香，用來測知時間；擔任這個職位者，即稱爲香司。

【香光莊嚴】

香光莊嚴是指念佛三昧的作用，由於念佛能莊嚴行者，就如同香氣之染人，所以稱爲香光莊嚴。在《首楞嚴經》卷五中，形容眾生憶念如來，如子憶母，母子相憶，將來必定見佛。經中又說：「如染香人，身有香氣，此則名曰香光莊嚴。」

【香印】

就是指香篆，由於古代庄香粉之模經常做成篆文的形狀，所以稱爲香篆。古代叢林中常燒此香來測知時間。

【香衣】

香衣是指以香木染成之袈裟，又作香染、香袍裳、香服。香爲梵語 gandha（乾陀，香樹名）的意譯，就是指以乾陀香樹皮、樹汁所染之法衣。其色赤黃，原來是佛制的壞色之一。在日本，除了淨土宗之紫緋色外，尚有青黃等各種顏色，皆稱爲香衣。台密用赤而帶黃之色，臨濟宗用黃色，曹洞宗諸色並用。我國、日本等教團中，甚至歷代帝王頒贈之法衣，每以諸種顏色來分別僧眾之等級、階位。

【香房】

是指佛所住之房舍，後世則廣義指安置佛像之殿堂，以及附屬佛殿之僧房。香房又稱作香室、香殿、香臺、淨香房、香積殿、香庫院、清淨香臺。在《根本說一切有部毘奈耶雜事》卷十四中記載，香房大多建於僧院的中心。

【香板】

香版是禪林中用來警策修行之工具，形狀如金剛寶劍。用來警策用功辦道者的，稱爲「警策香板」；用來懲誡違規者的，則稱爲「清規香板」；用來警醒坐禪昏沈者，稱爲「巡香香板」；於禪七中使用者，稱爲「監香香板」。一般大多由方丈、首座、西堂、後堂、堂主、維那、知客、糾察等職事所持用。除了一般性的用途之外，香板也是禪師手中的如意寶劍，用來幫助學人開示悟入佛道。

【香亭】

香亭是指禪林中安置寺中大香爐的器具，其四面以薄紗圍之，前檐懸有香亭二字之扁額，中置大香爐，其形狀、式樣就如同眞亭一般，用之於葬儀。叢林中，尊宿之喪，於赴化壇之行列中，香亭排列於眞亭之前。

【香剎】

香剎是指佛寺，以香來譬喻佛法其清淨功德，就和「香殿」、「香室」一樣。「剎」本來是指佛塔上部之露盤等附屬柱，後來也引申爲寺塔、寺院之稱。

【香神】

香神是帝釋天司雅樂之神名，因爲乾闥婆神食香，身上散發出香味，所以稱爲香神，梵名 Gandharva，音譯作乾闥婆神，又稱爲香陰神、尋香神、香音神、樂神。

【香偈】

香偈又稱作燒香偈、燒香迴向文，是指於佛前上香時所唱之偈文。香偈有許多種，在《禮佛儀式》中說：「禮敬讚德，先須至於香臺，端身息慮，思念聖德，目睹尊容，雙膝著地，手擎香爐，而舉偈言：『戒香、定香、解脫香，光明雲臺遍法界，供養十方無量佛，聞香普熏證寂滅。』」此偈出於《華嚴經》，是指五分法身之香。

在《觀佛三昧海經》卷十中說：「願此華香，滿十方界，供養一切佛，化佛並菩薩，無數聲聞眾，受此香華雲，以為光明臺，廣於無邊界，無邊作佛事。」香偈的內文雖然不同，但意旨大多是迴向薰香普薰一切有情，入於解脫，作為邊佛事。

【香國】

是指香積如來所住之國，為娑婆世界上方過四十二恆沙之佛土，是以眾香所成的國土。又稱為香積國、眾香國、眾香世界。國中一切皆以香作樓閣，經行香地，苑園皆是以香所成。此國土的眾生以香氣為食，香味周流十方無量世界。

【香湯】

指以香料製成的清淨湯水，稱為香湯，用此以灌沐身體。在四月初八佛誕日，向來有以香湯灌沐釋迦牟尼佛尊像的習俗，古時用五色五水，後代則以甘草及木甘茶煎成甘茶代用。在禪宗所用之香湯，是以陳皮、茯苓、地骨皮、肉桂、當歸、枳殼、甘草等七種藥材煎成，稱為七香湯。

【香湯偈】

香湯偈是指在布薩之時，須頌香湯偈：「香湯熏沐澡諸垢，法身具足五分充；般若圓照解脫滿，群生同會法界融。」

【香華】

香華是香與花的並稱，多為供佛之用。奉施香華，可獲得十種功德：*1.*處世如花。*2.*身上無有臭穢。*3.*得福香、戒香。*4.*隨所投生之處，鼻根不壞。*5.*能超勝世間，為眾人歸仰。*6.*身上常能香潔。*7.*領樂受於正法，受持讀誦。*8.*能具足大福報。*9.*命終之後投生天上。*10.*能速證涅槃。

【香象】

是指發情期的大象，此時的象會由鬢角分泌出有香氣液體，在《大毘婆沙論》卷三十等記載，此時期之象，其力氣特強，性甚狂暴，難以制伏，要十隻普通的大象才可抵一隻香象之力。

此外，香象也指象爐，即於秘密灌頂之道場，所用之象形香爐；以之燒香，受灌頂時，受壇前之際，先跨越香象，以此薰身而得清淨。此外，日本淨土宗之傳法儀式中，也用象形之香爐，稱爲觸香。

【香象渡河】

香象渡河，是譬喻聽聞教法所證得甚深。在經論中經常以兔、馬、香象三獸渡河，來譬喻聽聞教法所證得深淺的差別。如兔渡河則浮於河面，馬渡河則及河半，香象之渡河則能徹底截流。所以用「香象渡河」來比喻深證教法。

【香塔】

香塔是以香粉末拌水爲泥，作成之小塔。有時其內安置經文，可做爲供養禮拜。

現代的香也有做成錐型小塔狀之香塔，可在短時間內燃起大量香雲，非常別緻。

【香塵】

香塵是指色、聲、香、味、觸、法六塵之一，是鼻識、鼻根所緣之對境，可說是泛指一切鼻根所嗅之氣味。塵是染污之義，指其能染污情識，使本有覺性不能顯露。

【香語】

香語是「拈香法語」的略稱。就是在禪林之法會、誦經時，住持拈香時所說的法語。所謂拈，就是以指持取。以拈香之後講說法語，所以稱拈香法語。

法會之時，住持入堂之後，先拈香，再說法語；接著開陳當月佛事旨趣，並頌七言、五言等短偈，最後以一喝來結束。香語，本來是依當時的因緣時機而開示，後來則沿用古人法語，少有創新者。

【香廚】

指寺院的廚房，又稱作香積，這個典故是出自《維摩詰經》取香積國香飯之典故。

【香樓】

是指釋迦牟尼佛遺體火化時，以香木堆積成臺，其高如樓，上置如來寶棺。在《大般涅槃經》後分卷下中說：「爾時一切大眾所集微妙香木積高須彌，芬馥香氣，普薰世界，相重密次，成大香樓。……是時天人大眾，將欲舉棺置香樓上。……漸漸荼毘，經于七日，焚妙香樓，爾乃方盡。」

【香燈】

指寺院中之焚香與燃燈，後代寺廟中擔任佛堂焚香、燃燈等職務者，也稱爲香燈。

【香積飯】

又作香飯，指眾香國香積佛之香飯。在《維摩詰所說經》〈香積佛品〉中說：「於是香積飯來以眾香盛滿香，與化菩薩。」

【香藥】

香藥有三種意義。一是指即香物與藥之並稱，指普通之五香、五藥。二是香藥一詞，統稱五寶、五香、五藥、五穀等二十種物。或是將上列二十種物調合爲一種，統稱爲香藥，是密教灌頂中經常用到的。

附錄

香的相關經典

在佛教的經典中，有一部份與香有關的。如《佛說戒德香經》、《六祖壇經》是以香來比喻戒德及五分法身，而《妙法蓮華經》〈法師功德品〉中，描寫受持本經的廣大功德，能聞到一切香味而毫不錯亂。

《俱舍論》卷一、《瑜伽師地論》卷三則在說明香的分類。而《華嚴經》卷十三〈如來昇兜率天宮一切寶殿品〉中，則有以香供佛華麗壯闊的場景。同經卷六十七〈入法界品〉中，則敘述善財童子參訪鬻香長者的故事。

《維摩詰經》〈香積佛國品〉中，對以香構成的香積國土有生動的介紹，

《楞嚴經》卷五中，記載了以聞香入道香嚴童子的故事。

《蘇悉地羯囉經》〈塗香藥品〉、〈分別燒香品〉及《蕤呬耶經》卷中，則是說明密法中不同的本尊，應以何種香供養。《金光明經》〈大辯才天女品〉中有特別的三十二味香藥研成香末的加持咒藥洗浴之法。《觀普賢菩薩行法經》、《慈悲道場懺法》、《菩薩從兜率天降神母胎說廣普經》卷二及《觀自在菩薩大悲智印用遍法界利益眾生薰眞如法》則是記載鼻根與香的懺悔、發願、修持等法門。《出曜經》卷十中則記載多種香品。

從這些經典中，我們可以看出香在佛教中的多樣風貌。

佛說戒德香經

【經文提要】

本經主要是阿難尊者思惟世間的香，是否有不受風力的影響而能自在者？並以此請問世尊，世尊就開示修持十善之人，其德行名聲遠揚，如同妙香使人贊歎，但卻不受順風、逆風的影響，此是以香來比喻戒德。

聞如是：一時，佛遊舍衛國祇樹給孤獨園，時，賢者阿難閑居獨思：「世有三香：一曰根香，二曰枝香，三曰華香，是三品香，唯隨風香，不能逆風。寧有雅香隨風逆風者乎？」

賢者阿難獨處思惟，於義所歸，不知所趣，即從坐起，往詣佛所，稽首佛足下，長跪叉手而白佛言：「我獨處思惟：『世有三香：一曰根香，二曰枝香，三曰華香。此三品香，唯能隨風，不能逆風。寧有雅香隨風逆風者乎？』」

佛告阿難：「善哉！善哉！誠如汝問：『有香眞正隨風逆風。』」

阿難白佛：「願聞其香。」

佛言：「若於郡國縣邑村落，有善男子、善女人，修行十善，身不殺、盜、淫，口不妄言、兩舌、惡口、綺語，意不嫉妒、恚癡，孝順父母，奉事三尊，仁慈道德，威儀禮節，東方無數沙門梵志歌頌其德，南、西、北方四維上下沙門梵志咸歌其德：『某郡國土縣邑村落，有善男子、善女人，奉行十善，敬事三寶，孝順、仁慈、道德、恩義，不失禮節。』是香名曰隨風逆風靡不周，照十方宣德，一切蒙賴。」

佛時頌曰：「

雖有美香花，不能逆風熏，　不息名栴檀，眾雨一切香，
志性能和雅，爾乃逆風香。　正士名丈夫，普熏于十方，
木蜜及栴檀，青蓮諸雨香，　一切此眾香，戒香最無上。
是等清淨者，所行無放逸，　不知魔徑路，不見所歸趣，
此道至永安，此道最無上。　所獲斷穢源，降伏絕魔網，
用上佛道堂，昇無窮之慧，　以此宣經義，除去一切弊。」

佛告阿難：「是香所布，不礙須彌山川天地，不礙四種地、水、火、風，通達八極，上下亦然。無窮之界，咸歌其德。一身不殺生，世世長壽，其命無橫。不盜竊者，世世富饒又不妄遺財寶，常存施爲道根。不婬色者，人不犯妻，所在化生蓮華之中。不妄言者，口氣香好，言輒信之。不兩舌者，家常和合，無有別離。不惡口者，其舌常好，言辭辯通。不綺語者，人聞其言，莫不諮受，宣用爲珍。不嫉妒者，世世所生眾人所敬。不瞋恚者，世世端正，人見歡喜。除愚癡者，所生智慧，靡不諮請，捨于邪見，常住正道。從行所得，各自然生。故當棄邪，從其眞妙。」佛說如是。

時，諸比丘聞之，歡喜作禮而去。

《六祖法寶壇經》〈懺悔第六〉（節錄）

本經是六祖慧能大師，以香來比喻戒、定、慧、解脫及解脫知見等五分法身。其中並說明戒香是心中無非、無惡、無害；定香是見到各種善惡境界心不亂；慧香是常以智慧觀照自性，不造諸惡，奉行眾善，自在不執著；解脫香是自心無所攀緣，不落入善惡對立兩邊，自在無礙；解脫知見香是廣學多聞，識自本心，能幫助眾生解脫。

【經文提要】

時，大師見廣韶洎四方士庶駢集山中聽法，於是陞座，告眾曰：「來！諸善知識！此事須從自性中起，於一切時，念念自淨其心，自修自行，見自己法身，見自心佛，自度自戒，始得不假到此。既從遠來，一會于此，皆共有緣，今可各各胡跪，先爲傳自性五分法身香，次受無相懺悔。」眾胡跪。

師曰：「一、戒香，即自心中無非、無惡、無嫉妬、無貪瞋、無劫害，名戒香；二、定香，即覩諸善惡境相自心不亂，名定香；三、慧香，自心無礙，常以智慧觀照自性，不造諸惡，雖修眾善，心不執著，敬上念下，矜恤孤貧，名慧香；四、解脫香，即自心無所攀緣，不思善思惡，自在無礙，名解脫香；五、解脫知見香，自心即無所攀緣善惡，不可沈空守寂，即須廣學多聞，識自本心，達諸佛理，和光接物，無我無人，直至菩提眞性不易，名解脫知見香。善知識！此香各自內熏，莫向外覓。今與汝等授無相懺悔，滅三世罪，令得三業清淨。

「善知識！各隨我語一時道：『弟子等，從前念、今念及後念，念念不被愚迷染，從前所有惡業、愚迷等罪，皆悉懺悔，願一時銷滅，永不復起。弟子等，從前念、今念及後念，念念不被憍誑染，從前所有惡業、憍誑等罪，悉皆懺悔，願一時消滅，永不復起。弟子等，從前念、今念及後念，念念不被嫉妬染，從前所有惡業、嫉妬等罪，皆悉懺悔，願一時銷滅永不復起。』善知識！已上是為無相懺悔。

《妙法蓮華經》〈法師功德品〉第十九（節錄）

本段經文說明如果有人受持法華經，可以成就八百種鼻根功德，以此清淨鼻根，可以聞到三千大千世界種種花香，及眾生香、動物香，男性的香、女性的香，不管遠近，都能清楚分別而不錯亂。此外，即使是持誦者住在人間，對天上種種妙香，乃至聲聞香、辟支佛香、菩薩香、諸佛身香，都能遙聞，知其所在。雖然能聞到種種香味，但是鼻根卻不會損壞、錯亂，能為人分別宣說，無有錯謬。

【經文提要】

復次，常精進！若善男子、善女人受持是經，若讀、若誦、若解脫、若書寫，成就八百鼻功德。以是清淨鼻根，聞於三千大千世界，上下內外種種諸香：須曼那華香、闍提華香、末利華香、瞻蔔華香、波羅羅華香、赤蓮華香、青蓮華香、白蓮華香、華樹香、菓樹香、栴檀香、沈水香、多摩羅跋香、多伽羅香及千萬種和香，若末、若丸、若塗香，持是經者於此間住，悉能分別。又復別知眾生之香、象香、馬香、牛羊等香，男香、女香、童子香、童女香及草木叢林香，若近、若遠所有諸香，悉皆得聞分別不錯。

持是經者雖住於此，亦聞天上諸天之香：波利質多羅、拘鞞陀羅樹香及曼陀羅華香、摩訶曼陀羅華香、曼殊沙華香、摩訶曼殊沙華香、栴檀、沈水、種種末香、諸雜華香，如是等天香和合所出之香，無不聞知。又聞諸天身香：釋提桓因在勝殿上，五欲娛樂嬉戲時香；若在妙法堂上，爲忉利諸天說法時香；若於諸園遊戲時香及餘天等男女身香，皆悉遙聞。如是展轉乃至梵世，上至有頂諸天身香，亦皆聞之。并聞諸天所燒之香，及聲聞香、辟支佛香、菩薩香、諸佛身香，亦皆遙聞知其所在。雖聞此香，然於鼻根不壞、不錯，若欲分別爲他人說，憶念不謬。

爾時世尊欲重宣此義而說偈言：

是人鼻清淨，　　於此世界中，　　若香若臭物，　　種種悉聞知。
須曼那闍提，　　多摩羅栴檀，　　沈水及桂香，　　種種華菓香，及知眾生香，男子女人香，說法者遠住，聞香知所在。
大勢轉輪王，小轉輪及子，群臣諸宮人，聞香知所在。
身所著珍寶，及地中寶藏，轉輪王寶女，聞香知所在。
諸人嚴身具，衣服及瓔珞，種種所塗香，聞香知其身。
諸天若行坐，遊戲及神變，持是法華者，聞香悉能知。
諸樹華菓實，及酥油香氣，持經者住此，悉知其所在。
諸山深嶮處，栴檀樹花敷，眾生在中者，聞香皆能知。
鐵圍山大海，地中諸眾生，持經者聞香，悉知其所在。
阿修羅男女，及其諸眷屬，鬪諍遊戲時，聞香皆能知。
曠野險隘處，師子象虎狼，野牛水牛等，聞香知所在。
若有懷妊者，未辯其男女，無根及非人，聞香悉能知。
以聞香力故，知其初懷妊，成就不成就，安樂產福子。
以聞香力故，知男女所念，染欲癡恚心，亦知修善者。
地中眾伏藏，金銀諸珍寶，銅器之所盛，聞香悉能知。

種種諸瓔珞，無能識其價，聞香知貴賤，出處及所在。
天上諸華等，曼陀曼殊沙，波利質多樹，聞香悉能知。
天上諸宮殿，上中下差別，眾寶花莊嚴，聞香悉能知。
天園林勝殿，諸觀妙法堂，在中而娛樂，聞香悉能知。
諸天若聽法，或受五欲時，來往行坐臥，聞香悉能知。
天女所著衣，好華香莊嚴，周旋遊戲時，聞香悉能知。
如是展轉上，乃至於梵世，入禪出禪者，聞香悉能知。
光音遍淨天，乃至于有頂，初生及退沒，聞香悉能知。
諸比丘眾等，於法常精進，若坐若經行，及讀誦經典。
或在林樹下，專精而坐禪，持經者聞香，悉知其所在。
菩薩志堅固，坐禪若讀誦，或爲人說法，聞香悉能知。
在在方世尊，一切所恭敬，愍眾而說法，聞香悉能知。
眾生在佛前，聞經皆歡喜，如法而修行，聞香悉能知。
雖未得菩薩，無漏法生鼻，而是持經者，先得此鼻相。

《俱舍論》卷一（節錄）

本文主要在說明「好香」、「惡香」、「平等香」的分別。一般而言，能使諸根長養的稱為好香，能使諸根減損者，稱為惡香，無增長也無減損者，稱為平等香。

【經文提要】

此別解香。所嗅名香，《婆沙》十三亦說四香，與此論同。於四香中，好、惡二類攝香總盡，於二類中有等、不等正理解。等、不等香有兩解：第一解云：增益損減依身別故。（解云：「等」謂平等，香力均平增益依身，「不等」謂太強成損，太弱無益，損減依身於好、惡香中有增、損者，名等不等，餘者即是無益無損。）

第二解云：有說微弱、增盛異故。（解云：「微劣」是等、「增盛」名不等。）正理解本論。

三香亦有兩解：第一解云：若能長養諸根大種名好香，與此相違名惡香，無前二用名平等香，入阿毘達磨亦同此解。（解云：從是惡香，但能長養諸根大種亦名好香；縱是好香，若能損減諸根大種亦名惡香。此師意說：但能長養名「好香」，但能損減名「惡香」，無長養損減者名平等香。）

第二解云：或諸福業增上所生名爲好香，若諸罪業增上所生名爲惡香，唯四大種勢力所生名平等香。此師約勝、劣、處中以解。

又五事論云：諸悅意者說「惡香」，唯四大種勢力所生名「平等香」，此師約勝、劣、處中以解。

又五事論云：諸悅意者，說名「好香」；不悅意者，說名「惡香」；順捨受處者名「平等香」。解云：約情說故名好、惡等香，論體無記，此與正理，第二解義亦無違。

問：四香、三香各有兩解，如何相攝？

解云：正理四香中，第一解與三香中第一解相攝，增益義當長養，損減義當非長養，無益無損義當平等。三香中，好香攝四香中等香。三香中，惡香攝四香中不等香。三香中，平等香攝四香中好、惡二香，以於好、惡二香中，增益者名等香，損減者名不等香，餘不能增益、損減者名好香、惡香。此即義當平等香。

又解：三香中，好香，攝四香中等香全，好、惡香各少分。三香中，惡香攝四香中不等香全好、惡香各少分。三香中，平等香，攝四香中好、惡二香少分，以四香中好、惡二香攝香總盡。於中離出等、不等香故。三香中，等香，攝四香中好、惡香各少分，正理四香中第二解。與三香中第二解相攝。增盛義當罪福業生，體既增盛，故知業感，微劣義當，唯大種生，體既微劣故，知非親業感，唯大種生，以此微劣、增盛二香，攝好、惡盡，故說三香攝四香盡。

又解：三香中，若福業增上所生名好香，即攝四香中好香全、不等香中少分。三香中，若罪業增上所生名惡香，即攝四香中惡香全、不等香中少分。

三香中，若四大勢力所生香名平等香，即攝四香中等香。以當微劣故，所以四香中別說不等香者。於好、惡香中，有增盛者別立。如沈、麝等。

《瑜伽師地論》卷三（節錄）

【經文提要】

本文主要在說明香的種類，例如，有所謂的三種香、四種香、六種香、八種香等。

（前略）或立一種香，謂由鼻所行義故，或立二種，謂內及外，或立三種，謂可意、不可意及處中香。或立四種，謂四大香：一、沈香，二、窣堵魯迦香，三、龍腦香，四、麝香。或立五種，謂根香、莖香、葉香、花香、果香。或立六種，謂：食香、飲香、衣香、莊嚴具香、乘香、宮室香。或立七種，謂皮香、葉香、素泣謎羅香、栴檀香、三辛香、熏香、末香。或立八種，謂俱生香、非俱生香、恒續香、非恒續香、雜香、純香、猛香、非猛香。或立九種，謂過去、未來、現在等如前說。或立十種，謂女香、男香，一指香、二指香，唾香、洟香，脂髓膿血香、肉香，雜糅香、淤泥香。

《大方廣佛華嚴經》卷第十三〈如來昇兜率天宮一切寶殿品〉第十九（節錄）

本文主要是描寫毘盧遮那如來在兜率天宮一切寶莊嚴殿上，天王以無量清淨莊嚴器具而莊嚴之，其中有百萬億黑沈水香，百萬億不可思議眾妙雜香，普薰十方一切佛刹。

【經文提要】

爾時，佛威神力故，十方一切世界，諸四天下，一一閻浮提，皆有如來坐菩提樹，無不顯現。彼諸菩薩，承佛神力，說種種法，皆悉自謂在於佛所。

爾時，如來以自在神力，不離菩提樹座及須彌頂妙勝殿上夜摩天宮寶莊嚴殿，趣兜率天宮一切寶莊嚴殿。

時，彼天王遙見佛來，即於殿上敷如意寶藏師子之座，以種種天寶而莊嚴之，過去修習善根所得，一切如來威神護持，不可數那由他阿僧祇善根所生，一切諸佛淨法所起，一切眾生所共莊嚴，無量功德之所成就，離一切惡，清淨業報，一切樂觀無有厭足，出離世間諸法所起，清淨無污，一切世間因緣所起。一切眾生見不能盡，以無量莊嚴具而莊嚴之。

所謂：百萬億欄楯，百萬億寶網羅覆其上，百萬億華帳以張其上，百萬億華鬘以垂四邊，百萬億香帳，普熏十方，百萬億寶帳，以張其上，百萬億華蓋，諸天執持，百萬億華鬘蓋，百萬億寶蓋，以蓋其上，百萬億寶衣。以敷其上。

百萬億妙寶樓閣，百萬億如意寶王網羅覆其上，百萬億勝妙雜網、百萬億眾寶瓔珞，間錯垂下，百萬億眾妙雜寶，百萬億網蓋，以覆其上，百萬億雜寶網衣，百萬億妙寶蓮華，開敷光曜。百萬億無厭香網，普熏十方，百萬億大寶帳網，以覆其上，百萬億寶鈴，微動出和雅音，百萬億栴檀寶帳，普熏十方。

百萬億雜寶妙華，以散其上，百萬億雜色寶衣，以覆其上。百萬億菩薩大帳、百萬億雜寶蓋帳、百萬億清淨金帳、百萬億淨瑠璃帳、百萬億雜寶藏帳、百萬億一切寶帳，以覆其上。

百萬億雜寶妙華，周匝圍遶，百萬億寶形像帳，百萬億眾妙寶鬘，百萬億香鬘。普熏十方，百萬億天曼陀羅栴檀，色香具足，普熏十方。百萬億天莊嚴具、百萬億妙寶華鬘、百萬億勝妙寶藏、百萬億勝寶藏鬘、百萬億清淨寶鬘、百萬億海寶藏鬘、百萬億因陀羅金剛妙寶、百萬億妙寶繒綵，以為垂帶，百萬億無量自在妙寶、百萬億眞金寶藏，清淨微妙。百萬億毘樓那寶，以為照耀，百萬億因尼羅寶，雜寶校飾，百萬億首羅幢寶，光曜明淨，百萬億火珠寶，出大光明，普照十方。百萬億天堅固寶，以為窓牖，百萬億淨功德寶，無量妙色，百萬億雜寶，偏閣，清淨妙藏。百萬億大海月寶、百萬億離垢藏寶、百萬億心王寶，無量歡喜。百萬億師子面寶、百萬億閻浮檀寶、百萬億一切世間清淨藏寶、百萬億一切世間因陀羅幢寶、百萬億羅闍藏寶。百萬億須彌山王殊勝幢寶、百萬億解脫妙寶，百萬億瑠璃鬘網，周匝垂下。

百萬億赤色寶鬘、百萬億樂摩尼寶、百萬億清淨樂寶、百萬億眾雜寶藏、百萬億赤色解脫樂見妙寶、百萬億無量色寶鬘、百萬億無比寶鬘、百萬億淨光明寶、普照殊勝，百萬億摩尼寶像、百萬億因陀羅寶。

百萬億黑沈水香，普熏十方，百萬億不可思議眾雜妙香，普熏十方，一切佛剎，百萬億十方妙香，普熏世界。百萬億最殊勝香普熏十方，百萬億香像，香徹十方，百萬億隨所樂香，普熏十方，百萬億淨光明香，普熏眾生，百萬億種種色香，普熏佛剎，不退轉香。百萬億塗香、百萬億栴檀塗香、百萬億香熏香、百萬億蓮華藏黑沈香雲，充滿十方，百萬億丸香煙雲，充滿十方，百萬億妙光明香，常熏不絕。

百萬億妙音聲香，能轉眾心，百萬億明相香，普熏眾味，百萬億能開悟香，遠離瞋恚寂靜諸根充滿十方。百萬億香王香，普熏十方，雨百萬億天華雲雨、百萬億天香雲雨、百萬億天末香雲雨、百萬億天妙蓮華雲雨、百萬億天種種寶華雲雨。百萬億天青蓮華不斷雲雨，百萬億天寶華雲雨、百萬億天分陀利華雲雨，百萬億天曼陀羅華雲雨，百萬億天一切雜華雲雨，百萬億天種種衣雲雨，百萬億天雜寶普照十方雲雨，百萬億天種種蓋雲雨，百萬億天無量色幡雲雨，百萬億天冠雲雨，百萬億天種種莊嚴天冠雲雨，百萬億天莊嚴具雲雨，百萬億雜色天鬘雲雨，百萬億種種大莊嚴天鬘雲雨，百萬億種種色天栴檀雲雨，百萬億天沈水香雲雨。

百萬億天寶幢，百萬億天雜幡、百萬億天帶垂下，百萬億天和香，普熏十方。

《大方廣佛華嚴經》卷第六十七（節錄）

本文內容在敘述《華嚴經》善財五十三參中，所參訪的鬻香長者。此長者善於分別了知一切諸香，及調和一切香法，也了知一切香王所出產之處。善了知一切天香、龍香、夜叉香等，及一切治諸病香、斷諸惡香，及發心念佛香、證解法門香。一切人間奇香，天上的奇香。此鬻香長者，善了知一切香之妙法，能使一切有情依香而入於解脫。

【經文提要】

「善男子！於此南方，有一國土，名爲：廣大；有鬻香長者，名：優鉢羅華。汝詣彼問：菩薩云何學菩薩行、修菩薩道？」

時，善財童子頂禮其足，遶無量匝，慇懃瞻仰，辭退而去。

爾時，善財童子因善知識教，不顧身命，不著財寶，不樂人眾，不耽五欲，不戀眷屬，不重王位；唯願化度一切眾生，唯願嚴淨諸佛國土，唯願供養一切諸佛，唯願證知諸法實性，唯願修集一切菩薩大功德海，唯願修行一切功德終無退轉，唯願恆於一切劫中以大願力修菩薩行，唯願普入一切諸佛眾會道場，唯願入一三昧門普現一切三昧門自在神力，唯願於佛一毛孔中見一切佛心無厭足，唯願得一切法智慧光明能持一切諸佛法藏，專求此等一切諸佛菩薩功德。

漸次遊行，至廣大國，詣長者所，頂禮其足，遶無量匝，合掌而立，白言：「聖者！我已先發阿耨多羅三藐三菩提心，欲求一切佛平等智慧，欲滿一切佛無量大願，欲淨一切佛最上色身，欲見一切佛清淨法身，欲知一切佛廣大智身，欲淨治一切菩薩諸行，欲照明一切菩薩三昧，欲安住一切菩薩總持，欲除滅一切所有障礙，欲遊行一切十方世界，而未知菩薩云何學菩薩行、云何修菩薩道，而能出生一切智智？」

長者告言：「善哉善哉！善男子！汝乃能發阿耨多羅三藐三菩提心。善男子！我善別知一切諸香，亦知調合一切香法，所謂：一切香、一切燒香、一切塗香、一切末香，亦知如是一切香王所出之處。又善了知天香、龍香、夜叉香，乾闥婆、阿脩羅、迦樓羅、緊那羅、摩睺羅伽、人、非人等所有諸香。又善別知治諸病香、斷諸惡香、生歡喜香、增煩惱香、滅煩惱香、令於有爲生樂著香、令於有爲生厭離香、捨諸憍逸香、發心念佛香、證解法門香、聖所受用香、一切菩薩差別香、一切菩薩地位香，如是等香形相生起、出現成就、清淨安隱、方便境界、威德業用及以根本，如是一切我皆了達。

善男子！人間有香，名曰：象藏，因龍鬪生。若燒一丸，即起大香雲彌覆王都，於七日中雨細香雨。若著身者，身則金色；若著衣服、宮殿、樓閣，亦皆金色。若因風吹入宮殿中，眾生嗅者，七日七夜歡喜充滿，身心快樂，無有諸病，不相侵害，離諸憂苦，不驚不怖，不亂不恚，慈心相向，志意清淨。我知是已而爲說法，令其決定發阿耨多羅三藐三菩提心。

善男子！摩羅耶山出栴檀香，名曰：牛頭；若以塗身，設入火坑，火不能燒。善男子！海中有香，名：無能勝；若以塗鼓及諸螺貝，其聲發時，一切敵軍皆自退散。善男子！阿那婆達多池邊出沈水香，名：蓮華藏；其香一丸如麻子大，若以燒之，香氣普熏閻浮提界，眾生聞者，離一切罪，戒品清淨。善男子！

雪山有香，名：阿盧那；若有眾生嗅此香者，其心決定離諸染著，我為說法莫不皆得離垢三昧。善男子！羅剎界中有香，名：海藏，其香但為轉輪王用；若燒一丸而以熏之，王及四軍皆騰虛空。善男子！善法天中有香，名：淨莊嚴；若燒一丸而以熏之，普使諸天心念於佛。善男子！須夜摩天有香，名：淨藏；若燒一丸而以薰之，夜摩天眾莫不雲集彼天王所而共聽法。善男子！兜率天中有香，名：先陀婆；於一生所繫菩薩座前燒其一丸，興大香雲遍覆法界，普雨一切諸供養具，供養一切諸佛菩薩。善男子！善變化天有香，名曰：奪意；若燒一丸，於七日中，普雨一切諸莊嚴具。

善男子！我唯知此調和香法。如諸菩薩摩訶薩，遠離一切諸惡習氣，不染世欲，永斷煩惱眾魔羂索，超諸有趣，以智慧香而自莊嚴，於諸世間皆無染著，具足成就無所著戒，淨無著智，行無著境，於一切處悉無有著，其心平等，無著無依；而我何能知其妙行？說其功德？顯其所有清淨戒門？示其所作無過失業？辨其離染身、語、意行？

善男子！於此南方，有一大城，名曰：樓閣；中有船師，名：婆施羅。汝詣彼問：菩薩云何學菩薩行、修菩薩道？」

時，善財童子頂禮其足，遶無量匝，慇懃瞻仰，辭退而去。

《維摩詰經》〈香積佛品〉第十

這是《維摩經》中香積佛國的故事。香積國有香積如來，以香氣說法。國中一切樓閣、建築，乃至飲食等，都是眾香所成。維摩詰菩薩遣化菩薩到香積佛國取滿缽香飯，來與大眾食用。吃了此香飯之後，大眾都感到全身舒暢，被香飯薰得連毛孔都安然舒適，就如同眾香國土的大眾，香徹十方。

【經文提要】

於是賢者舍利弗心念：「日時欲過，是諸大人當於何食？」

維摩詰知其意而應曰：「唯然！賢者！若如來說八解之行，豈雜欲食而聞法乎？要聞法者，當為先食。」

是時，維摩詰即如其像正受三昧，上方界分去此刹，度如四十二江河沙佛土，有佛名香積如來、至眞、等正覺，世界曰眾香，一切弟子及諸菩薩皆見其國，香氣普熏十方佛國諸天人民，比諸佛土，其香最勝。而彼世界無有弟子、緣一覺名，彼如來不爲菩薩說法，其界一切皆以香作樓閣，經行香地，苑園皆香，菩薩飲食則皆眾香，其香周流無量世界。時彼佛諸菩薩方坐食，有天子學大乘字香淨，住而侍焉，一切大眾皆見香積如來與諸菩薩坐食。

維摩詰問眾菩薩言：「諸族姓子，誰能致彼佛飯？」皆曰不能。

即復問文殊師利：「卿！此眾中未悉了乎？」

答曰：「如佛所言，未知當學。」

於是維摩詰不起于座，居眾會前化作菩薩，光像分明，而告之曰：「汝行從此佛土度如四十二江河沙世界，到眾香剎香積佛所。往必見食，則禮佛足，如我辭曰：『維摩詰言：願得世尊所食之餘，欲於忍界施作佛事，令此懈廢之人，得弘大意，亦使如來名聲普聞。』」

即化菩薩居眾會前，上昇上方，忽然不現，舉眾皆見其去。而化菩薩到眾香界，禮彼佛足言：「維摩詰菩薩稽首世尊足下，敬問無量興居輕利，遊步康強，少承福慶，願得世尊所食之餘，欲於忍界施作佛事，令此懈廢之人得弘大意，亦使如來名聲普聞。」

彼諸菩薩皆愕然曰：「此人奚來？何等世界有懈廢人？」即以問佛。香積報曰：「下方去此度如四十二江河沙刹，得忍世界，有佛名釋迦文如來、至眞、等正覺，於五濁刹，以法解說懈廢之人。彼有菩薩名維摩詰，說上法語，今遣化來，稱揚我名。」

彼菩薩曰：「其人何如，乃作是化，德力無畏，神足若斯？」佛言：「甚大！一切世界皆遣化往，化作佛事，以立眾人。」

於是香積如來，以滿鉢香飯，一切香具，與化菩薩。時彼九萬菩薩俱發聲言：「我等欲詣忍土見釋迦文。」

彼佛報言：「往！族姓子！齎爾忍香入彼世界，無以人故，有放逸意，自持汝所樂行，勿念彼國菩薩不如，無得於彼生廢退意而有勞想。所以者何？佛土虛空，諸佛世尊欲度人故，爲現其刹耳。」

化菩薩既受飯，與諸大人，俱承佛聖旨，及維摩詰化，須臾從彼已來，在維摩詰舍。維摩詰即化爲九萬師子床，嚴好如前，諸菩薩皆坐訖，化菩薩奉佛具足之飯與維摩詰，飯香一切薰維耶離，及三千大千世界皆有美香。時維耶離諸梵志、居士、尊者、月蓋等，聞是香氣，皆得未曾有自然之法，身意快然，具足八萬四千人入維摩詰舍，觀其室中，菩薩甚多，覩師子座，高大嚴好，見皆大喜，悉禮菩薩、諸大弟子，卻住一面。諸香地天人，色行天人，皆來詣舍。

維摩詰謂耆年舍利弗諸大弟子言：「賢者！可食如來之飯，惟大悲味無有限，行以縛意也。」

有異弟子念此飯少，而此大眾人人當食。化菩薩曰：「四海有竭，此飯無盡，使眾人食摶若須彌，猶不能盡，是不可盡。所以者何？無有盡戒，至于定慧，解度知見，如來之飯，終不可盡。」

於是鉢飯悉飽，眾會飯故不盡，諸菩薩、大弟子、天與人食此飯已，氣走安身，譬如一切安養國中諸菩薩也。其香所薰，毛孔皆安，亦如眾香之國，香徹八難。

於是維摩詰問眾香菩薩言：「諸族姓子！香積如來云何說法？」

彼菩薩曰：「我土如來無文字說，但以其香，而諸菩薩自入律行，菩薩各各坐香樹下，其香皆薰，一切同等，悉得一切香德之定，堪任得定，菩薩一切行無所著。」

彼諸菩薩問維摩詰：「今世尊釋迦文，云何現法？」

維摩詰曰：「此土人民剛強難化，故佛爲說剛強之語。是趣地獄，是趣畜生、鬼神之道，是爲由身、由言、由意惡行之報，至于不善惡行滋多，故爲之說若干法要，以化其麁獷之意。譬如象馬儱悷不調，著之羈絆，加諸杖痛，然後調良。如是難化譑張之人，爲以一切苦諫之言，乃得入律。」

彼菩薩曰：「未曾有，如世尊釋迦文，乃忍以聖大之意，解貧貪之人，及其菩薩亦能勞謙，止斯佛土，甚可奇也！」

維摩詰曰：「如卿等言，此土菩薩於五罰世，以大悲利人民，多於彼國百千劫行。所以者何？諸族姓子！此忍世界有十德之法爲清淨，彼土無有。何等十？以布施攝貧窮，以敬戒攝無禮，以忍辱攝強暴，以精進攝懈怠，以一心攝亂意，以智慧攝惡智，以悔過度八難，以大乘樂遍行，以種德本濟無德者，以合聚度人民，是爲十德，而以發意取彼。」

彼菩薩曰：「爲以幾法，行無瘡疣，從此忍界，到他佛土？」

維摩詰曰：「有八法行，菩薩爲無瘡疣，從此忍界到他佛土。何等八？爲眾設恥避亂羞望；爲一切人任苦忍諍；爲諸善本以救眾生；爲不距眾人而愛敬；菩薩所未聞經，恣聽不亂；不嫉彼供，不謀自利；常省己過，不訟彼短；自檢第一以學眾經，是爲八。」

當此維摩詰與眾會及文殊師利說法時，滿百千人發無上正眞道意，十千菩薩逮得法忍。

楞嚴經卷五（節錄）

在楞嚴經卷五中，由於阿難的請法，世尊就教大眾中的諸大菩薩及一切煩惱除盡的大阿羅漢門，各自宣說其最初發心因緣，及悟入三摩地的方便。以下節取與香有關的圓滿法門，即香嚴童子觀沈水香香氣而悟入，孫陀羅難陀觀鼻中氣息出入如煙而悟入，大勢至菩薩及五十二位菩薩以香光莊嚴，說明如染香之人身心必定染有香氣來比喻念佛三昧。

【經文提要】

香嚴童子即從座起，頂禮佛足而白佛說：「我聞如來教我諦觀諸有為相，我時辭佛宴晦清齋，見諸比丘燒沈水香，香氣寂然來入鼻中。我觀此氣非木、非空、非煙、非火，去無所著來無所從，由是意銷發明無漏。如來印我得香嚴號，塵氣倏滅妙香密圓，我從香嚴得阿羅漢。佛問圓通，如我所證，香嚴為上。」

（中略）

孫陀羅難陀即從座起，頂禮佛足而白佛言：「我初出家從佛入道，雖具戒律，於三摩提心常散動，未獲無漏。世尊教我及俱絺羅觀鼻端白，我初諦觀經三七日，見鼻中氣出入如煙，身心內明圓洞世界，遍成虛淨猶如瑠璃。煙相漸銷鼻息成白，心開漏盡，諸出入息化為光明照十方界，得阿羅漢，世尊記我當得菩提。佛問圓通，我以銷息息久發明，明圓滅漏，斯為第一。」（中略）

大勢至法王子與其同倫五十二菩薩即從座起，頂禮佛足而白佛言：「我憶往昔恒河沙劫，有佛出世名無量光，十二如來相繼一劫，其最後佛名超日月光，彼佛教我念佛三昧。譬如有人，一專為憶，一人專忘，如是二人，若逢不逢，或見非見，二人相憶，二憶念深，如是乃至從生至生，同於形影不相乖異。十方如來憐念眾生，如母憶子，若子逃逝，雖憶何為？子若憶母，如母憶時，母子歷生，不相違遠。若眾生心憶佛、念佛，現前當來必定見佛，去佛不遠，不假方便自得心開，如染香人身有香氣，此則名曰香光莊嚴。我本因地，以念佛心入無生忍，今於此界，攝念佛人歸於淨土。佛問圓通，我無選擇，都攝六根，淨念相繼，得三摩地，斯為第一。」

《蘇悉地羯囉經》〈塗香藥品〉第九（節錄）

本文主要在闡明供養佛部、蓮花部、金剛部及使者等所使用不同之香。

【經文提要】

用諸草香、根汁、香華等，三物合和為塗香，佛部供養。又諸香樹皮，及白旃檀香、沈水香、天木香，前香等類，并以香果，如前分別，合為塗香，蓮華部用。又諸香草、根、華、果、葉等，和合為塗香，金剛部用。或有塗香，具諸根果，先人所合，香氣勝者，亦通三部。或唯沈水香，和少龍腦香，以為塗香，佛部供養。或唯白檀香，和少龍腦香，以為塗香，蓮華部用。或唯鬱金香，和少龍腦香，以為塗香，金剛部用。又紫檀以為塗香，通於一切金剛等用。肉豆蔻腳白羅惹底蘇末那，或濕沙蜜蘇濕咩羅鉢孕瞿等，以為塗香，用獻一切如使者天。

又甘松香、濕沙蜜肉豆蔻，以為塗香，用獻明王妃后。又白檀、沈水、鬱金，以為塗香，用獻明王。又諸香樹皮，以為塗香，用獻諸使者。又隨所得香，以爲塗者，獻地居天。或單用沈水香，以爲塗香，通於三部、九種法等，及明王妃一切處用。若有別作扇底迦法，用白色香；若補瑟徵迦法，用黃色香；若阿毘遮嚕迦法，用紫色無氣之香。若欲成大悉地者，用前汁香，及以香果；若欲中悉地者，用堅木香及以華；若欲下悉地者，用根、皮香華果，以爲塗香，而供養之。和合香分不應用。於有情身，分香謂甲麝紫欽等香，及以酒酢，或過分者，世所不應用供養之。又四種香，謂：塗香、末香、顆香、丸香，隨用一香，盡壇爲華，日別供養，欲獻之時，誓如是言。此香芬馥如天妙香，清淨護持，我今奉獻，唯垂納受，令願圓滿。塗香眞言曰：

阿吹羅阿吹羅一　薩嚩苾地二　耶馱羅三　布爾抵　莎嚩訶

誦此眞言，塗香復誦，所持眞言，淨持如法，奉獻於尊。若求諸香，而不能得，隨取塗香，而眞言之，復用本部塗香眞言，香已奉獻本尊。

《蘇悉地羯囉經》〈分別燒香品〉第十（節錄）

經中說明供養佛部、蓮花部、金剛部及諸天、藥叉、地居天等各自所用不同之香，以及不同合和香、香丸的調配法。

【經文提要】

復次令說三部燒香法，謂沈水、白檀、鬱金香等，隨其次第，而取供養，或三種香，和通三部，或取一香，隨通部自列。香名曰：

室唎吠瑟吒　劍汁娑折（云羅沙膝）、囉娑乾陀羅素香、安悉香、娑落翅香、龍腦香、薰陸香、語苫地夜日劍、祇哩惹蜜、訶梨勒、砂糖、香附子、蘇合香、沈水香、縛落劍、白檀香、紫檀香（五葉）、松木香、天木香、囊里、迦鉢哩閉攞縛烏施藍、石蜜、甘松香及香果等。若欲成就三部眞言法者，應合和香，室唎吠瑟吒迦樹汁香，遍通三部，及通獻諸天。

安悉香通獻藥叉，薰陸香通獻諸天天女，娑折羅娑香獻地居天，娑落翅香獻女使者，乾陀羅娑香獻男使者，龍腦香、乾陀羅娑香、娑折囉娑香、熏陸香、安悉香、薩落翅香、室唎吠瑟吒迦香，此七膠香，和以燒之，遍通九種，說此七香，最爲勝上，膠香爲上，堅木香爲中，餘華葉根等爲下。

蘇合、沈水、鬱金等香，和爲第一。又加白檀、砂糖，爲第二香，又加安悉香、薰陸爲第三香，如是三種和香，隨用其一遍通諸事。

又地居天等，及以護衛，應用薩折羅沙、砂糖、訶梨勒，以和爲香，供養彼等。

又有五香，所謂：砂糖、勢麗翼迦薩折羅娑、訶梨勒、石蜜，和合爲香。通於三部一切事用。

或有一香，遍通諸事，如上好香，眾人所貴妙和香，如無是香，隨所得者，亦通三部。諸餘事用，如上所說。

合和香法，香法善須分別，應其所用，根、葉、華、果，合時持獻。又有四種香，應須知之：「所謂自性香、篝丸香、麄末香，作丸香，亦須要知。應用之處，若扇底迦法，用篝丸香處，若阿毘遮盧迦法，用塵末香，若補瑟徵迦法，用作丸香，攝通一切用，自性合篝丸香，置以砂糖和塵末香、樹膠香，應用好蜜合和丸香，或以蘇乳、砂糖，及蜜和香。

自性香上應著少蘇如求當部所燒之香。若不得者，隨所有香，先通當部，先誦此部香眞言香呪，然後誦所持眞言。合和香法，不置甲麝紫欽等香，亦不應用末儞也等。而和合香，亦不過分，致令惡氣，而無香氣，以此林野，樹香、膠香，能轉一切諸人意願，諸天常食，我今將獻，哀愍垂受。燒香眞言：「阿吹羅阿吹羅　薩嚩　苾地耶　馱羅　布爾抵　莎嚩訶」

誦此眞言，眞言香須誦所持眞言，眞言香燒，如法獻故。

《蕤呬耶經》卷中（節錄）

【經文提要】

經中說明供養塗香及燒香之配方，並要注意香中不要放穢惡蟲所食，及無香味者，應取美好清淨者為香。

其塗香者，用白檀香、沈水香、迦濕彌嘌香、苾唎(二合)曳應舊香、多迦羅香、優婆羅香、苾利(二合)迦香、甘松香、丁香、桂心香、龍華香、禹車香、宿澁蜜香、石南葉香、蘆根香、瑟菟(二合)涅(去)耶汁香、乾陀羅(二合)沙汁香、沙陀拂瑟婆香(云迴香)、婆沙那羅跢迦香、勢(去)禮耶香、闍知皤怛羅(二合)香(云婆羅門荳蔻葉)、香附子香、吉隱(二合)底香、隱摩豆唎迦香、胡荾香、諸樹汁類香，如合香如法相和，隨所合香，皆置龍腦，應用雨水未墮地者，而作塗香。眞言持誦，次第供養內外諸尊。

其塗香中，勿置有情身分及與紫鉚，勿用穢惡蟲食無香等者，當取好淨者，亦勿將水而研其香。若供養諸佛塗香者，當用新好欝金香或黑沈香，和龍腦而作塗香；若作供養觀自在者，當用白檀以為塗香；若供養執金剛及眷屬者，當用紫

檀而爲塗香；自餘諸尊，隨意而合用供養之。（中略）

其燒香者，用白檀、沈水相和，供養佛部，用尸利稗瑟多迦等諸樹汁香，供養蓮華部，用黑沈水香及安息香，供養金剛部。次說普通和香，非有情身分之者，取白檀香、沈水香、龍腦香、蘇合香、薰陸香、尸利二合稗瑟吒二合迦香、薩闍羅二合沙香、安悉香、婆羅枳香、烏尸羅香、摩勒迦香、香附子香、甘松香、閼伽路哩二合香、柏木香、天木香、及鉢地夜二合等香，以沙糖相和，此名普通和香，次第供養諸尊，或隨意取如前之香而和供養，或復總和，或取香美者而和，如是隨辨塗香及花并以燒香，以誠心以供養。

《金光明最勝王經》〈大辯才天女品〉

經中大辯才天女宣說呪藥洗浴之法，取經中所說三十二味香藥研成香末、持咒一〇八遍加持洗浴，如果能再發起弘誓，永斷諸惡，常修諸善，於一切有情興起大悲心者，則獲無量福，所有患苦盡皆消除，解脫貧窮，財寶具足，一切吉祥安穩。

【經文提要】

爾時大辯才天女於大眾中即從座起，頂禮佛足白佛言：「世尊！若有法師說是《金光明最勝王經》者，我當益其智慧，具足莊嚴言說之辯。若彼法師於此經中文字句義所有忘失，皆令憶持能善開悟，復與陀羅尼總持無礙。

又此《金光明最勝王經》，為彼有情已於百千佛所種諸善根常受持者，於贍部洲廣行流布，不速隱沒。復令無量有情聞是經典，皆得不可思議捷利辯才無盡大慧，善解眾論及諸伎術，能出生死速趣無上正等菩提，於現世中增益壽命，資身之具悉令圓滿。世尊！我當為彼持經法師及餘有情，於此經典樂聽聞者，說其呪藥洗浴之法。彼人所有惡星災變，與初生時星屬相違，疫病之苦鬪諍戰陣，惡夢鬼神蠱毒厭魅呪術起屍，如是諸惡爲障難者，悉令除滅。諸有智者應作如是洗浴之法，當取香藥三十二味，所謂：

菖蒲(跋者) 牛黃(瞿盧折娜) 苜蓿香(塞畢力加) 麝香(莫迦婆) 雄黃(末捺眵羅) 合昏樹(尸利灑) 白及(因達囉喝悉哆) 芎藭(者莫迦) 狗杞根(苫弭) 松脂(室利薜瑟得迦) 桂皮(咄者) 香附子(目窣哆) 沈香(惡揭嚕) 栴檀(栴檀娜) 零凌香(多揭羅) 丁子(索瞿者) 鬱金(茶矩麼) 婆律膏(揭羅婆) 葦香(捺刺柁) 竹黃(鵝路戰那) 細豆蔻(蘇泣迷羅) 甘松(苫弭哆) 藿香(鉢怛羅) 茅根香(嗢尸羅) 叱脂(薩洛計) 艾納(世黎也) 安息香(寠具攞) 芥子(薩利殺跋) 馬芹(葉婆儞) 龍花鬚(那伽雞薩羅) 白膠(薩折羅婆) 青木(矩瑟侘) 皆等分

「以布灑星日一處擣篩，取其香末，當以此呪呪一百八遍。」

呪曰：

怛姪他　蘇訖栗帝　訖栗帝訖栗帝劫摩怛里　繕怒羯囉滯　郝羯喇滯　因達囉闍利膩　鑠羯嘲滯　鉢設姪囇　阿伐底羯細　計娜矩覩矩覩　脚迦鼻囇　劫鼻囇劫鼻囇劫毘囉末底(丁里反)　尸羅末底那底度囉末底哩　波伐雉畔稚囇　室囇室囇薩底悉體羝莎訶

若樂如法洗浴時，應作壇場方八肘，可於寂靜安隱處，念所求事不離心。

應塗牛糞作其壇，於上普散諸花彩，當以淨潔金銀器，盛滿美味并乳蜜。
於彼壇場四門所，四人守護法如常，令四童子好嚴身，各於一角持瓶水。
於此常燒安息香，五音之樂聲不絕，幡蓋莊嚴懸繒綵，安在壇場之四邊。
復於場內置明鏡，利刀兼箭各四枚，於壇中心埋大盆，應以漏版安其上。
用前香末以和湯，亦復安在於壇內，既作如斯布置已，然後誦呪結其壇。
結界呪曰：
怛姪他　頞喇計　娜也泥去呬𠼝弭𠼝祇𠼝　企企𠼝莎訶
如是結界已，　方入於壇內，　呪水三七遍，　散灑於四方。
次可呪香湯，　滿一百八遍，　四邊安幔障，　然後洗浴身。
呪水呪湯呪曰：
怛姪他一　索揭智貞勵反下同二　毘揭智三　毘揭荼伐底四　莎訶五
「若洗浴訖，其洗浴湯及壇場中供養飲食棄河池內，餘皆收攝。如是浴已方著淨衣，既出壇場入淨室內。呪師教其發弘誓願，永斷眾惡常修諸善，於諸有情興大悲心，以是因緣當獲無量隨心福報。」

復說頌曰：

若有病苦諸眾生，種種方藥治不差，若依如是洗浴法，并復讀誦斯經典。

常於日夜念不散，專想慇懃生信心，所有患苦盡消除，解脫貧窮足財寶。

四方星辰及日月，威神擁護得延年，吉祥安隱福德增，災變厄難皆除遣。

次誦護身呪三七遍，呪曰：

怛姪他 三謎 毘三謎 莎訶 索揭滯毘揭滯 莎訶 毘揭荼(亭耶反)伐底 莎訶

娑揭囉 三步多也莎訶 塞建陀 摩多也莎訶 尼攞建佗也 莎訶 阿鉢囉市哆

毘梨傑耶也 莎訶 呬摩槃哆 三步多也 莎訶 阿儞蜜攞 薄怛囉也 莎訶

南謨薄伽伐都 跋囉甜摩寫莎訶 南謨薩囉酸(蘇活)底 莫訶提鼻裔莎訶 悉甸覩

漫(此云成就我某甲)曼怛囉鉢拖莎訶 怛喇覩仳姪哆跋囉甜摩奴末覩莎訶

爾時大辯才天女說洗浴法壇場呪已，前禮佛足白佛言：「世尊！若有苾芻、苾芻尼、鄔波索迦、鄔波斯迦，受持讀誦書寫流布是妙經王，如說行者，若在城邑聚落曠野山林僧尼住處，我爲是人將諸眷屬作天伎樂，來詣其所而爲擁護，除諸病苦流星變怪、疫疾鬪諍王法所拘、惡夢惡神爲障礙者，蠱道厭術悉皆除殄，饒益是等持經之人。苾芻等眾及諸聽者，皆令速渡生死大海，不退菩提。」

爾時世尊聞是說已，讚辯才天女言：「善哉！善哉！天女！汝能安樂利益無量無邊有情，說此神呪以香水壇場法式，果報難思。汝當擁護最勝經王，勿令隱沒常得流通。」

爾時大辯才天女禮佛足已，還復本座。

《佛說觀普賢菩薩行法經》（節錄）

經中普賢菩薩宣說六根懺悔之法。此段為鼻根懺悔法，行者思惟鼻根眾劫以來分別貪著好香，墮落生死，因而發露懺悔。

【經文提要】

（前略）「說是語已，普賢菩薩復更為說懺悔之法：『汝於前世無量劫中，以貪香故，分別諸識，處處貪著，墮落生死。汝今應當觀大乘因，大乘因者，諸法實相。』是聞是語已，五體投地，復更懺悔。既懺悔已，當作是語：『南無釋迦牟尼佛！南無多寶佛塔！南無十方釋迦牟尼佛分身諸佛！』作是語已，遍禮十方佛。南無東方善德佛及分身諸佛，如眼所見，一一心禮，香華供養。供養畢已，胡跪合掌，以種種偈讚歎諸佛。既讚歎已，說十惡業，懺悔諸罪。既懺悔已而作是言：『我於先世無量劫時，貪香味觸，造作眾惡，以是因緣，無量世來，恒受地獄、餓鬼、畜生、邊地、邪見諸不善身，如此惡業今日發露，歸向諸佛正法之王，說罪懺悔。』既懺悔已，身心不懈，復更誦讀大乘經典。」

《慈悲道場懺法》卷十（節錄）

【經文提要】

文中主要在發起鼻根之善願，祈願一切有情不聞一切壞惡氣味，常聞種種好香，乃至佛菩薩、聖眾等妙德之香。

次發鼻根願：「又願今加道場同業大眾，廣及六道一切眾生，從今日去乃至菩提，鼻常不聞殺生滋味飲食之氣，不聞畋獵放火燒害眾生之氣，不聞蒸煮熬炙眾生之氣，不聞三十六物革囊臭處之氣，不聞錦綺羅縠惑人之氣。

又願鼻不聞地獄剝裂燋爛之氣，不聞餓鬼飢渴飲食糞穢膿血之氣，不聞畜生腥臊不淨之氣，不聞病臥床席無人看視瘡壞難近之氣，不聞大小便利臭穢之氣，不聞死屍膖脹虫食爛壞之氣。

唯願大眾六道眾生從今日去，鼻常得聞十方世界牛頭旃檀無價之香，常聞優曇鉢羅五色華香，常聞歡喜園中諸樹華香，常聞兜率天宮說法時香，常聞妙法堂上遊戲時香，常聞十方眾生行五戒十善六念之香，常聞一切七方便人十六行香，常聞十方辟支學無學人眾德之香，常聞四果四向得無漏香，常聞無量菩薩歡喜、離垢、發光、焰慧、難勝、遠行、現前、不動、善慧、法雲之香，常聞眾聖戒、定、慧、解脫、解脫知見五分法身之香，常聞諸佛菩提之香，常聞三十七品十二緣觀六度之香，常聞大悲、三念、十力、四無所畏、十八不共法香，常聞八萬四千諸波羅蜜香，常聞十方無量妙極法身常住之香。

已發鼻根願竟，相與至心五體投地，歸依世間大慈悲父、南無彌勒佛、南無釋迦牟尼佛、南無梨陀法佛、南無應供養佛、南無度憂佛、南無樂安佛、南無世意佛、南無愛身佛、南無妙足佛、南無優鉢羅佛、南無華纓佛、南無無邊辯光佛、南無信聖佛、南無德精進佛、南無妙德菩薩、南無金剛藏菩薩、南無無邊身菩薩、南無觀世音菩薩。

又復歸依如是十方盡虛空界一切三寶。

願以慈悲力同加攝受，令（某甲）等得如所願滿菩提願。

《菩薩從兜術天降神母胎說廣普經》卷二（節錄）

【經文提要】

文中描寫釋迦牟尼佛在兜率天降神母胎時，自說從無數劫來，遍嗅一切眾香神通之事，成就鼻根。

（前略）「吾從無數阿僧祇劫修鼻神通，遍嗅十方無量眾生，悉知分別善香惡香，麤香細香，火香水香，俗香道香，乃至菩薩坐樹王下香，戒香、定香、慧香、解脫香、解脫知見香，教授眾生大慈無邊香，悲愍眾生香、喜悅和顏香、放捨周遍香、神足無畏香、覺力根本香、破慢貢高香、自然普熏香、莊嚴佛道香、趣三解脫門香、相相殊勝香、明行果報香、分別微塵香、光明遠照香、集眾和合香、五聚清淨香、持入不起香、止滅眾垢香、觀滅眾垢香、聞戒布施香、慚愧無慢香、仙人法勝香、說法無礙香、舍利流布香、封印佛藏香、七寶無盡香。」

爾時世尊便說頌曰：

摩伽山所出，花香及栴檀，三界所有香，不如戒香勝。
戒香滅眾垢，往來入無間，菩薩不退轉，涅槃香第一。
譬如善射人，仰射於虛空，箭勢不盡空，尋復墮于地。
德香遠無際，終不有轉還，今說佛身香，戒、定、慧、解、度。
於億百千劫，不能盡佛香，若於千萬劫，佛讚佛功德。
大聖不能盡，佛身戒德香，諸佛威儀法，授前補處別。
口中五色香，上至忉利天，還來至佛所，遶佛身七匝。
諸天散花香，稱歎未曾有，定香遠流布，濟度阿僧祇。

爾時世尊說此偈已，於彼會中十二那由他眾生，心識開悟皆悉發意，願樂欲生香積佛剎，是謂菩薩摩訶薩成就鼻通。

《出曜經》第十卷〈香名第六十四〉

【經文提要】文中舉出各種香的譯名及出處。

- 伊蘭（譯曰香名）《大智論》第一卷
- 阿伽樓（論曰密香樹名譯曰不動）第十卷
- 多伽樓（論曰木香樹也譯曰不沒）
- 婆羅犍馱香（譯曰婆羅者勝犍馱者香）《華嚴經》第一卷
- 畢迦香（應云畢栗迦　譯曰觸也）《大般涅槃經》第十八卷
- 多迦羅香（譯曰根也）
- 多摩羅跋香（譯曰藿葉）
- 俱哆屑（應云俱瑟哆　譯曰木也）《十誦律僧祇》第三十一卷
- 須健提（譯曰好香）《僧祇律》第三卷
- 憂尸羅（應云鬱尸羅　律曰香草）《善見律毘婆沙》第十五卷

- 貿他致吒（應云勿私多致多　律曰藿頭香也）
- 末願乾提（譯曰乾提香者）《出曜經》第五卷
- 憂陀羅婆羅香（譯曰勝力）《大悲蓮華經》第四卷
- 憂陀沙羅香（應云優陀羅娑羅　譯曰勝寶）
- 須曼華香（譯曰好意花也）《法花經》第六卷
- 闍提華香（譯曰生亦云實）
- 波利質多羅拘陀羅樹香（譯曰大遊戲地破也）
- 求羅香（譯曰安息）《菩薩戒經》第五卷
- 多摩羅香（譯曰藿香）《嚴淨經》第四卷
- 須牟尼婆利師香（譯曰須牟尼者好仙人婆梨師者憂生）《數經》
- 迦羅香（譯曰黑花）
- 婆羅香（譯曰實色）
- 須牟尼婆梨師香（譯曰須牟尼者善他裟梨師者夏生）
- 嶽產草香：

- 降眞香
- 山檀香
- 青木香
- 石乳香
- 羅漢香
- 黃連香
- 兜蔞香
- 楓香

《觀自在菩薩大悲智印周遍法界利益眾生熏眞如法》一卷

本經是觀自在菩薩宣說以香爐及香印爲修法。經中說應觀香爐爲自在周遍法界之相，將香印做爲紇利字，代表本尊，無論是順向或逆向薰燃，皆能相應顯現香印之文，名爲大悲拔苦。隨著香印次第燒之，則能顯現眞實之理，燒盡時，表諸法歸空。修此法能獲無量福，所出生之處皆能出生妙香，眾生得薰，皆得不退轉於菩提。

【經文提要】

我蒙毘盧遮那聖旨，而說觀自在摩訶(大)枳孃曩(智)母怛羅(印)法，若有修瑜伽人，欲生西方極樂世界利益眾生者，即從阿闍梨耶有智熟者，而受蓮華金剛法儀，廣陳供養作念誦法，於其壇中安置香爐，其香爐含攝觀自在周遍法界之相，以何爲相？即其香印應作紇哩(合二)文。智業不可得理，攝四種義  合成一字，其梵

文 是也，賀字諸法因不可得，羅字清淨無垢染，伊字自在不可得，惡字本不生不滅，是爲順義，本不生不滅，自在不可得，清淨無垢染，諸法因不可得，是爲逆義，逆順相應顯香印文。

我作其圖：

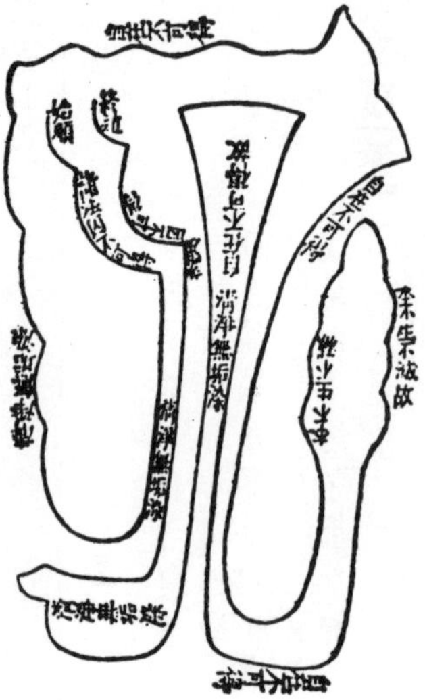

是妙香印，名大悲拔苦。所以者何？依燒之次第，而顯眞實理，若燒盡時，表若順若逆遂歸空法也。處當觀察，從紇哩(合二)一字，出生唵嚩日羅(合二)達磨等五字，一一字中出生無量字門，一一字門化作一切佛菩薩身，一一化身周遍法界利益眾生，是故行者得無量福，悉地圓滿蒙諸佛加被，是故行者獲現世安穩，無諸障礙，如妙蓮華，見者愛惜，轉已得生極樂上品蓮中，其有利根智慧方便，現身見香，得陀羅尼名，不染世也。所生之處身出妙香，遍十方國，眾生得薰，皆證不退。如是功德，不可具說。

其香爐蓋上，可雕嚩日羅二合達磨字，首加唵字以爲五字可順旋。

其蓋中央，應立三昧耶形，一鈷杵上安開八葉蓮華是也，如上五字圍繞此三昧耶，三昧耶者是本誓之形也。若見此形作禮專念，即證蓮華性，所以生極樂者，更不染世。設交世間，度眾生如蓮華不爲諸垢所染也。皆由過去本誓願力故，證此果界也。是故行者立此三昧耶形，應專念之而作是想，是□文之香煙成此三昧耶形，此形更爲本尊形體，表因時本誓，遂爲果時形色，是三昧耶義也。

燒香之時結本尊契，誦是本眞言印之，即得成就，其蓋圖如斯：

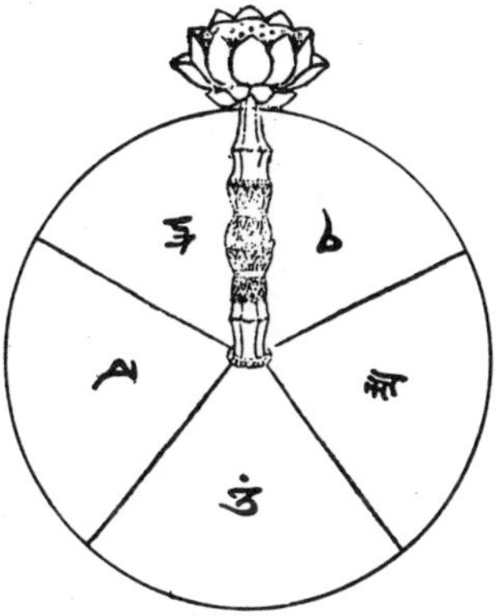

得入此輪，至無上菩提，若欲不間常誦眞言，然而未離攀緣，擬懈怠者，但依是妙印，應燒栴檀蓮等香，如是每日作燒香法者，即成常業，誦持金剛法明。何以故？如上眞言字義，皆於此印香能顯示故。

根本印，二手金剛縛，二頭指頭合如蓮華葉，二大指並立即成。眞言曰：

若人持此一字眞言，能除一切災禍疾病，命終之後，當得極樂上品之生，餘諸所求，世間、出世大願隨持得成，何況依此教法而修行者，一切悉地不久圓滿也。

觀自在菩薩薰眞如香印法說已竟。

佛教小百科33

《佛教的香與香器》

主　編　全佛編輯部
執行編輯　蕭婉甄、劉詠沛、吳霈媜
出　版　全佛文化事業有限公司
永久信箱：台北郵政26-341號信箱
訂購專線：(02)2913-2199
傳真專線：(02)2913-3693
發行專線：(02)2219-0898
匯款帳號：3199717004240 合作金庫銀行大坪林分行
戶　名：全佛文化事業有限公司
E-mail：buddhall@ms7.hinet.net
http://www.buddhall.com
門　市　新北市新店區民權路95號4樓之1（江陵金融大樓）
門市專線：(02)2219-8189
行銷代理　紅螞蟻圖書有限公司
台北市內湖區舊宗路二段121巷19號（紅螞蟻資訊大樓）
電話：(02)2795-3656
傳真：(02)2795-4100
初　版　二〇〇一年十二月
初版三刷　二〇一五年二月
定　價　新台幣二八〇元
ISBN　978-957-2031-12-4（平裝）

國家圖書館出版品預行編目資料

佛教的香與香器/ 全佛編輯部主編－初版.
-- 臺北市：全佛文化, 2001[民90]
面；　公分. －(佛教小百科；33)

ISBN 978-957-2031-12-4(平裝)

1.佛教—法器
224.7　　90021016

Buddhall

Published by BuddhAll Cultural Enterprise Co.,Ltd.

全佛文化藝術經典系列

大寶伏藏【灌頂法像全集】

蓮師親傳•法藏瑰寶，世界文化寶藏•首度發行！
德格印經院珍藏經版•限量典藏！

本套《大寶伏藏—灌頂法像全集》經由德格印經院的正式授權全球首度公開發行。而《大寶伏藏—灌頂法像全集》之圖版，取自德格印經院珍藏的木雕版所印製。此刻版是由西藏知名的奇畫師—通拉澤旺大師所指導繪製的，不但雕工精緻細膩，法莊嚴有力，更包含伏藏教法本自具有的傳承深意。

《大寶伏藏—灌頂法像全集》共計一百冊，採用高級義大利進美術紙印製，手工經摺本、精緻裝幀，全套內含：

•三千多幅灌頂法照圖像內容　•各部灌頂系列法照中文譯名

附贈　•精緻手工打造之典藏匣函。

•編碼的「典藏證書」一份與精裝「別冊」一本。

（別冊內容：介紹大寶伏藏的歷史源流、德格印經院歷史、《大寶伏藏—灌頂法像全集》簡介及其目錄。）